SÉDIR

La Guerre actuelle

Selon le Point de vue Mystique

TROISIÈME ÉDITION

Prix : 1 fr. 50

Chez BEAUDELOT, Éditeur
36, rue du Bac, Paris

THÉORIE MYSTIQUE DE LA GUERRE

Si, après avoir longtemps refusé de paraître en public, vous me voyez ce soir devant vous, c'est l'insistance de mes Amis qui en est cause. « Au bout de huit mois d'efforts, de ténacité, de douleurs stoïquement subies, me disent-ils, on a besoin d'entendre à nouveau les maximes éternelles qui rassérènent et qui exaltent. » De crainte de me tromper en me taisant encore, je me suis rendu à ces raisons. Pardonnez-moi de n'avoir à vous offrir que des paroles. Devant les catastrophes actuelles, toute parole me semble vaine : la moindre action dépasse les plus sublimes discours. Mes infirmités m'interdisent de combattre pour la Patrie : ce sera le chagrin de toute mon existence, l'humiliation inguérissable, l'humiliation de soi-même en face de soi-même. Si j'avais eu cet honneur — ce bonheur — une balle ennemie aurait probablement libéré mon esprit ; il aurait reçu mieux la communion patriotique ; et, des champs de bataille invisibles, il aurait pu répandre plus abondamment cette énergie transfiguratrice qui sauve l'avenir de la France. Le Destin m'a refusé cette joie. Acceptez tout de même le peu qu'il m'est permis de vous offrir.

Vous n'allez entendre ni un cours, ni des conférences. Je n'ai pas eu le temps de rien préparer. Nous causerons ensemble, très simplement ; nous nous entretiendrons d'abord, ce soir, de la Guerre en elle-même, telle qu'elle est dans l'Invisible ; puis nous rechercherons, la prochaine fois, les bases christiques du patriotisme. Dans la troisième causerie, nous regarderons la bataille, la mort du soldat, l'hôpital, la captivité. Et dans la quatrième, nous examinerons si nous, les civils, nous remplissons nos devoirs. En somme, je ne ferai que dire tout haut ce que vous murmurent certainement tout bas, pendant vos veilles de méditations et de prières, les âmes des héros-martyrs, vos fils, vos frères, vos époux, soit qu'ils combattent ici-bas, soit qu'ils continuent la lutte de l'Autre Côté, parmi les Anges de notre France confondus avec les Anges de notre Christ.

La plupart d'entre vous sont accoutumés à mes façons de voir ; je demande spécialement à ceux qui viennent ici pour la première fois d'attendre la fin de ces causeries avant de rejeter mes opinions. J'ai beaucoup de choses étranges à vous expliquer, et aussi des choses dures que je me sens obligé de dire des constatations désagréables : pour se guérir, il faut d'abord se reconnaître malade ; tout le premer, je sais que je suis malade. Nous sommes entre Français, nous sommes entre spiritualistes, nous sommes entre chrétiens : nous sommes en famille. Nous devons pouvoir tout nous dire sans nous blesser.

.*.

Abordons le côté le plus obscur et le plus angoissant du problème. Pourquoi Dieu permet-il la guerre ? Que fait Dieu pendant que des millions d'hommes meurent dans ces carnages et ces atrocités ?

Ces questions qu'on entend de toutes parts, je dois dire franchement que je les comprends mal. Je sais que rien n'arrive sans la permission de Dieu. Je sais que le Christ est là, avec nous, avec vous, avec moi, avec la mère et l'épouse et l'enfant, avec le soldat, avec le blessé, avec l'agonisant. Il ne me faut rien savoir de plus. Le soldat ne questionne pas son général ; et nous sommes en voie de devenir des soldats du Christ.

Mais tout le monde n'a pas la même incuriosité. Vos interrogations légitimes seront peut être satisfaites par les idées suivantes.

Nous ne percevors que des effets, jamais des causes. De même que nous, les civils, ne savons de ce qui se passe à la frontière que ce que l'Etat-Major veut bien nous en dire, de même les dieux ne nous laissent entrevoir que des épisodes locaux de la bataille de la Vie, ou des ensembles extrêmement vagues. Cette ignorance est une épreuve à notre orgueil; c'est aussi une précaution affectueuse de Dieu. Dénombrez les devoirs que nous impose notre petit bagage de renseignements sur la Vie, comptez à combien de ces devoirs nous manquons; faites le bilan des justes pénalités que nous encourons de ce chef. Que serait-ce si notre connaissance du monde était complète? Quels déséquilibres chez nous entre le savoir et le pouvoir! Combien cette disproportion serait-elle énorme et néfaste si nous savions *tout*, alors que nous ne pouvons presque *rien*.

Et puis, cette ignorance est précieuse. La raison, le jugement, les facultés cérébrales font partie du développement naturel de l'homme. Mais son développement surnaturel? L'effort qui nous projette par-dessus l'abîme-frontière du fini et de l'infini, du créé à l'incréé, du Royaume temporel au Royaume éternel, cet effort vers l'au delà du sensible et du conscient, le Christ le nomme : c'est la foi. Son domaine est l'ignorance. Tout ce que je connais, je n'ai plus à y croire. Si donc en face du malheur, je ferme obstinément les yeux de ma raison, et si je me dis : « Je ne comprends pas; mais Dieu est là, Il sait, Il voit, Il comprend, Il est bon, Il dispose tout pour mon bien »; cette attitude absurde, selon la sagesse humaine, est la seule vraie, selon l'Absolu, où, d'un seul battement d'ailes, elle enlève mon cœur et mon esprit.

Dieu fait bien ce qu'Il fait. Il a organisé le monde sur le binaire, comme dirait Pythagore. Tout va par couples, par dualités, par antagonismes. La vie est une guerre universelle. La tuerie est partout. Cette fleur si pure, cette forêt majestueuse, ces nobles montagnes, ce visage harmonieux, ne sont-ce pas les théâtres d'effroyables combats? Il serait banal de souligner cette antithèse. Et nous voudrions que les peuples vivent en harmonie?

Ne craignons pas de regarder en face les réalités. La Guerre, comme la Paix, sont des créatures de Dieu : comme Satan, comme le saint, comme le héros, comme le bandit. La Guerre, vierge folle, et la Paix, vierge sage, sont deux sœurs immortelles; la première seule n'a pas su résister à l'épreuve. Rien ne naît que de la mort. Aucune éclatante beauté ne jaillit que de mille laideurs obscures. Aucun' sacrifice ne fleurit que sur le fumier des vieux égoïsmes défunts. Aucune concorde qui ne soit fille de la discorde. Regardez autour de vous : quelle sérénité ne plonge pas ses racines dans l'angoisse ? Quelle puissance ne s'élève pas sur d'innombrables chûtes ? Aucune certitude ne vaut si le doute ne l'a pas forgée. Si le cruel égoïsme n'avait d'abord durci les fibres d'un cœur, la tendresse ensuite et la bonté ne pourraient habiter en lui. Vous qui suivez la voie étroite, comment possédez-vous un peu de douceur, de foi, de flamme, si ce n'est pour avoir vaincu la colère, l'indifférence et la paresse ?

Il faut le redire et le crier, même contre l'évidence apparente : Dieu est bon, le Père seul est bon. Devant la mort des êtres chers, devant la ruine, l'incendie, les tortures, la tentation surgit d'accuser Dieu ; et plusieurs succombent à cette tentation. Mais souvenons-nous des vérités évidentes ; rappelons le simple bon sens que l'horreur des catastrophes déconcerte. S'il n'y avait pas de haine entre individus, il n'y aurait pas de haine de familles. S'il n'y avait pas de haine entre les familles, il n'y aurait pas de haine entre les peuples. Dans un fruit pourri, la moisissure a commencé par une cellule imperceptible. L'épidémie qui ravage des provinces a d'abord tué un seul individu, et chez cet individu elle ne fut d'abord qu'un microbe infinitésimal.

Voilà l'erreur des pacifistes. Ils pensent abattre l'arbre en coupant ses frondaisons ; c'est à la racine qu'il faudrait aller. D'ailleurs, ils déclarent eux-mêmes leur faiblesse, puisqu'on les voit se disputer entre eux.

Si donc, reconnaissant notre ignorance, nous comprenons que la racine de tout mal c'est dans notre cœur, nous devons nous abîmer dans l'humble repentir. Chacun d'entre nous, soit comme individu, soit comme citoyen, de combien de malheurs ne fut-il pas l'ouvrier, par négligence ou par malice active ? Vous rappellerai-je la théorie des existences antérieures ? Ne savez-vous pas que le mal auquel nous consentons, même s'il reste dans la pensée, tend à prendre une forme matérielle ? L'homme est le centre transformateur par qui tout l'invisible passe pour devenir visible. En outre de ses suites physiologiques et psychiques, un vice tend à force d'années à revêtir un corps; un fruit vénéneux, un animal venimeux, un marais pestilentiel, sont les formes physiques de vices autrefois cultivés par des hommes ou par des peuples disparus. Une pensée de vengeance à laquelle on s'abandonne, au bout de quelques générations, aboutit à un crime : le Christ montre ces choses à ceux de Ses amis dont Il ouvre les yeux. Or, nous avons haï, nous avons été cyniques, impudents, calomniateurs, nous avons détruit des confiances, souillé des délicatesses, faussé des voies : maintenant, les soldats de l'Antéchrist réalisent devant nos yeux l'horreur de la traîtrise, de la cruauté, de la bassesse. La justice des dieux passe en ce moment.

⁎

Je vous demande pardon, humblement, de dire tout haut ces choses dures. Il vaut mieux que vous les entendiez maintenant, et de la bouche d'un compagnon de misère, que de les entendre de la bouche du juste Juge, au jour redoutable de Son triomphe. Reconnaissons ensemble tous nos torts, d'un seul coup, et à fond. Ensuite nous serons allégés, et capables d'en entreprendre la réparation.

Mesurons notre tâche. Je vous l'affirme devant la Vérité, — elle est présente, puisque c'est pour elle que nous nous sommes réunis — : le Mal subsistera jusqu'à la fin du monde. Dieu pourrait bien l'anéantir sur l'heure; que dis-je : Dieu? la simple prière d'un homme libre mystiquement pourrait enchaîner les ténébreuses légions. Mais elles aussi doivent parvenir à la Lumière; et c'est l'homme le rédempteur des démons. Que les catholiques ne crient point à l'hérésie. Ce que je vous dis là est la pensée même du Christ, et un Père de l'Église, saint Augustin, l'a exprimée en termes équivalents.

Et si, contrairement à Sa parole, le Verbe Jésus éteignait « le lumignon qui fume encore », si le monde du Mal était d'un coup rejeté au néant originel, ce serait le pire malheur pour le genre humain. Si nous comprenons quelque chose à la Vérité, si nous entrevoyons l'ombre des splendeurs éternelles, si nous pouvons quelques gestes de bonté, c'est grâce au Mal. Nous n'avons jusqu'ici pas accompli grand'chose. Sans le Mal, nous n'aurions rien fait, puisque nous n'aurions pas eu à lutter. Nous serions de pauvres créatures, innocentes, sans doute, mais inertes, ignorantes, passives. Ne maudissez donc ni le Mal, ni la souffrance ; aimez la bataille ; recherchez-la. Les plus fervents serviteurs du Ciel ne portent-ils pas le titre de Soldats du Christ ?

Si nous pouvions seulement nous douter de l'avenir que le Père nous réserve, nous n'aurions plus de craintes, et dans les pires désastres, nos yeux intrépides garderaient l'extase des clartés divines une seconde entraperçues. Croyez-moi ; je n'enflepas la voix pour vous insuffler un faux enthousiasme ; ce dont je vous parle est réel et je reste très en deçà de l'exactitude dans les images que je vous trace des magnificences du Royaume.

Donc, la guerre est une condition inéluctable de la vie terrestre ; ne resterait-il qu'une poignée d'hommes ici-bas, qu'au bout de quelques années, ils recommenceraient à se battre ; et encore pendant leur temps de paix, auraient-ils bouleversé le sol, abattu les forêts et massacré inutilement les animaux.

*
* *

Tout, dans la création se réalise, au moyen de clichés.

Les clichés sont les types des êtres et des phénomènes, qui préexistent au temps et subsistent après lui. Ce sont les idées du Père, vivantes et intelligentes, voyageant dans l'espace universel, le long de routes tracées au préalable. Voici quelle image je puis vous tracer de ces choses.

Le Père prend une portion du Néant ; Il lui donne une charpente, une forme, et Il fixe les emplacements des futurs foyers vitaux de cette création, puis Il les relie tous ensemble par un réseau de chemins. Ensuite Il anime ce cosmos inerte ; et chacune de ces innombrables cellules commence alors le travail spécial pour lequel Dieu l'a organisée. Les occasions de mettre en œuvre leurs facultés sont les formes spirituelles de tout ce qui doit avoir lieu ; nous appelons cela des clichés.

Tout est la matérialisation d'un cliché : une planète, une race, une science, une ville, un phénomène chimique, une crise d'âme. Et tout est, successivement un cliché visiteur, puis une créature visitée.

Ces visites sont inévitables. L'homme craignant l'épreuve, et l'épreuve étant le seul moyen d'avancer, la Nature ne permet pas qu'on évite le travail. Seul, un homme prêt à rentrer dans la maison du Père est obéi, lorsqu'il commande au monde des clichés.

Je vous ai parlé autrefois des esprits, des génies, des dieux et des anges. Je vous ai montré que ces conceptions n'appartenaient pas seulement aux peuplades sauvages, ou aux hiérophantes visionnaires de la Chine, de l'Inde, de l'Égypte, mais que la haute raison illuminée des Pères de l'Église les avait accueillies; saint Thomas d'Aquin entre autres, parle des anges attachés à chaque créature et de ces esprits mixtes qui ne sont ni des anges ni des démons.

Or, toutes les créatures, même les êtres collectifs, peuples, nations, races, sont des individus vivants dans l'invisible avec un moi, un libre arbitre, une intelligence, qui ne sont ni la volonté, ni l'intelligence globales des êtres humains constituant ce corps collectif. Ce moi préexiste au corps, au territoire, au peuple, à l'organisme social et politique, et subsiste après la transformation ou la disparition de ceux-ci. Les différentes classes sociales sont les organes physiques des différentes facultés de cet esprit collectif, de même que le système nerveux, le cœur, tel muscle, telle circonvolution cérébrale, sont les organes de nos facultés psychiques. Et chaque cellule sociale, je veux dire chaque citoyen, reçoit inconsciemment de l'esprit de la patrie les lumières spéciales à la fonction civique qu'il peut être appelé à remplir.

Les races, puis l'humanité terrestre en entier, puis les humanités qui, je le crois, vivent sur d'autres mondes, sont organisées sur le même plan; leur ensemble, le règne hominal, c'est cet être immense, que Moïse nommait Adam, et que les anciens Sages appelaient : le grand homme céleste.

Toutes ces hiérarchies spirituelles suivent la loi de la création ; ces génies sont toujours en lutte les uns contre les autres, chacun prend bien la route où le Père l'a placé ; mais ces routes se croisent ; les voyageurs ne veulent point se céder ; et si leurs disputes ont lieu à un moment où l'échéance

approche des dettes morales contractées par leurs corps physiques, qui sont ces nations terrestres, il s'en suit fatalement
une guerre.

Voilà comment se passent souvent les choses de l'autre
côté. Tout ceci n'est d'ailleurs pas nouveau pour la plupart
d'entre vous; et comme nous avons déjà étudié ensemble les
transformations des forces et des phénomènes d'un plan à un
autre, je n'y reviendrai pas aujourd'hui.

*
* *

Voici un autre cas assez fréquent. Une nation heureuse
s'endort, et devient improductive; le génie de la Terre, qui
est un maître intéressé, s'apprête à la rejeter, juste comme fait
l'organisme humain des cellules qui ne travaillent plus. Le
mauvais ange de ce peuple se réjouit alors, parce qu'il espère,
à la faveur du trouble causé par cette expulsion, dévier le génie
national. Le bon ange, lui, essaie d'attiser « le lumignon qui
fume encore »; si le génie ne l'écoute pas, il recherche une
cellule — un des citoyensde ce pays — capable de ressentir
son influence et de lui servir d'instrument. S'il trouve, cela
déclanche d'ordinaire une révolution. S'il ne trouve pas, il use
d'un autre stratagème — car tout vaut mieux que la torpeur :
l'inertie, c'est le fond de l'Abîme. Il va chercher un génie
voisin, et l'invite à prendre contact avec le premier. De ce
rapport de génie à génie naissent toujours des heurts, car ces
êtres-là, quelque grands qu'ils soient par rapport à nous, n'ont
pas dépassé un certain stade de l'égoïsme. Ces mouvements
spirituels, se matérialisant peu à peu, engendrent la guerre,
mais la catastrophe ne se réalise que lorsque le cerveau du
peuple, c'est-à-dire son gouvernement, a donné son adhésion.

Les gouvernements jouent dans les nations le rôle du
système nerveux conscient dans l'individu. C'est à eux qu'a-
boutissent les courants de toute nature qui traversent leurs
peuples; leur responsabilité est énorme. C'est pourquoi, outre
les capacités intellectuelles spéciales, toujours limitées, ces
personnages devraient posséder le caractère le plus intègre, la
moralité la plus haute, la maîtrise de soi la plus absolue, et
un cœur tout entier consumé par le zèle du Bien. Il faudrait

qu'ils entendent parfaitement toutes les demandes montant du peuple vers eux; et qu'ils soient assez purs pour discerner, dans les intuitions reçues du Génie national, la mauvaise influence du mauvais ange, et l'inspiration vraie du bon ange. Tout homme d'État devrait être, dans son intimité, un homme de prière.

Cela, je vous l'ai dit depuis longtemps, et je puis le redire aujourd'hui avec plus de force que jamais, maintenant que certains de nos chefs, après avoir constaté leur impuissance en des cas désespérés, ont recouru à la prière et ont vu le miracle leur répondre.

Le gouvernant incapable, obtus ou de mauvais vouloir, oblige l'ange, qui veut quand même sauver le pays, à se mettre en quête d'un instrument plus docile. Souvent, le Christ alors charge de cette recherche un envoyé spécial; celui-ci choisit dans la masse du peuple un être capable d'entendre sa voix, et possédant les propriétés physiques, fluidiques et mentales propres à la mission dont il va être chargé. L'ambassadeur extraordinaire éduque ce sujet quelquefois pendant de longues années, quelquefois sans que celui-ci se doute de tout le travail mystérieux qui s'accomplit en lui. Puis le héros est lancé, il réalise son œuvre, il en meurt; les historiens ensuite la dissèquent et n'en découvrent, comme l'anatomiste fait du cadavre, que les éléments inertes. Tout le côté miraculeux et vivant de cette épopée, l'intuition populaire seule s'en doute parfois, et l'exprime dans ses légendes.

Ceci eut lieu plusieurs fois en France : à l'époque de la Guerre de Cent Ans, à la fin de la Révolution, lors de l'Année Terrible. D'autres cas seraient à signaler; mais ils sont encore trop récents.

*
* *

Les vues très succinctes que je viens de vous exposer, dans le seul but de nous découvrir des motifs plus puissants vers l'action, demanderaient de longs commentaires. Elles soulèvent des problèmes extrêmement ardus. Plus tard peut-être, quand notre France sera victorieuse, quand nous aurons rebâti nos ruines, aplani nos champs dévastés, quand nous aurons reconstitué nos usines et nos commerces, quand nous aurons secouru les misères, quand nous aurons du temps enfin, pour prendre un peu de repos, alors, si le Ciel le permet, je vous expliquerai ces mystérieuses antinomies : la bonté divine et la méchan. '3 humaine, le martyre de Jésus qui n'empêche pas les martyres patriotiques, la miséricorde éternelle qui permet de monstrueux bourreaux comme ceux d'Outre-Rhin.

Mais, pour le moment, que le cœur seul batte en nous, que nos bras seuls s'affairent. L'intelligence spéculative, qu'elle dorme; elle ne nous a joué que des tours pendables depuis cinquante ans. Nous n'avons besoin de savoir que cette seule chose : malgré les apparences contraires, Dieu veut toujours le plus grand bien, le plus grand développement, la plus grande béatitude, de sa créature. Si le chemin est dur, c'est elle qui l'a voulu. Évidemment le Père peut inventer des moyens à l'infini pour amener les hommes là où il le désire; soyez sûrs que le moyen qu'il choisit est le meilleur. Ne veuillez pas à toute force tout comprendre de suite; est-ce que vous vous révoltez contre le Gouvernement parce qu'il ne vous invite pas tous à ses conseils? Moi non plus, si je savais les causes secrètes de nos malheurs, si le bon Dieu ou le Christ m'avaient, par impossible, admis à leurs délibérations, croyez-vous que je vous en ferais part? Certainement non, quoi qu'il puisse m'en coûter. Et puis pourrions-nous comprendre d'aussi vastes plans? Et tous nos frères les soldats, ont-ils exigé de comprendre, avant de verser leur sang?

Si notre France tout entière s'est ressaisie soudain, si elle s'est transfigurée magnifiquement, si elle a levé d'un bras intrépide le drapeau de l'honneur, de la civilisation, de la liberté : son drapeau — moi, je crois, je sais, qu'elle a pu faire cela parce que les esprits de ses enfants ont aperçu, par delà les horizons terrestres, les cohortes angéliques de la Justice expiatoire, de la Miséricorde éternelle et de la Paix.

Ce que contemple l'esprit de l'homme reste le plus souvent hors de la portée de son intelligence: c'est pourquoi c'est à vos cœurs que je m'adresse; c'est par le cœur que l'esprit nous parle. Vos cœurs se souviennent-ils du Guerrier pacifique qui autrefois monté sur une ânesse, rentrait dans sa ville, on peut dire natale, et qui pleurait sur elle: « Jérusalem, « si tu avais reconnu au moins en ce jour ce qui te pourrait

« apporter la paix!... Les jours viendront sur toi où tés
« ennemis t'entoureront, te briseront, toi et, tes enfants...
« parce que tu n'as pas reconnu le jour où Dieu t'a visitée. »
Que le sort de Jérusalem soit épargné à Paris ! Cela dépend de
nous; les soldats ne peuvent pas faire plus; mais nous, les
civils, nous pouvons davantage; nous n'avons presque rien
accompli. Combien de civils qui soient morts de fatigue, à
force de veilles charitables, ou qui se soient dépouillés entièrement pour la Patrie ? Une toute petite proportion, en face des
innombrables héroïsmes militaires.

Rentrons en nous-mêmes; regardons-nous sans indulgence. Quand un homme rencontre un saint, et que cette
bénédiction ne le transforme pas, je vous l'affirme, sept générations ne sontpoint écoulées que le suicide est venu sur cet
homme, pour lui apprendre expérimentalement que la Lumière
éternelle, c'est la Vie. De même, quand un peuple transgresseur
de la Loi divine s'obstine dans sa révolte, sept générations ne
passent pas sans que les Barbares n'arrivent chez lui ; et la
génération qu'ils torturent est celle-là même qui a péché. J'ai
recueilli à ce sujet, dans les hôpitaux, des confessions bien
significatives.

Entre toutes les raisons que je puis découvrir pour me
convaincre que les immenses malheurs actuels ne sont pas
immérités, je n'en retiendrai qu'une seule, de l'exactitude de
laquelle je suis profondément convaincu. Les autres me paraissent trop métaphysiques; elles blesseraient notre sensibilité à vif; les dire irait à l'encontre du but que je me propose.
Voici ce que je vous soumets.

Ces massacres, ces flammes, ces cris de douleur, ces haines,
ces larmes, ces blessures physiques et morales, tout cela c'est
la cristallisation matérielle des maux invisibles que nos
fautes ont répandu dans le monde vivant des esprits. Combien
de fois ne vous ai-je pas adjuré de vous abstenir de médisances. Ce n'est rien une médisance; c'est si vite dit, c'est si
amusant; et puis, les auditeurs savent que cela ne tire pas à
conséquence, puisque tout le monde en crible tout le monde.
Cependant, dans le royaume central de l'Invisible, où plongent
les racines, où fleurissent les bourgeons de notre vie spirituelle, une médisance est toujours un assassinat, avec son

décor complet de ruse, de violence, de cris, de gémissements.
Or, tout ce qui a lieu dans l'Invisible tend à se réaliser dans le
monde physique Au bout d'une période plus ou moins longue,
toute médisance devient un meurtre. Ceci est inévitable. Et,
presque toujours l'assassin actuel est l'ancien médisant.

Jugez, par les suites d'un simple écart de langage, de la
gravité d'une faute plus lourde.

Mais, Dieu est bon? Certes, infiniment; c'est nous dont le
cœur est dur. Écoutez cette parabole.

Voilà un pauvre et un riche; celui-ci aime celui-là d'une
affection vive et sincère. Le riche propose au pauvre : Je te
prends à mon service; puis, au bout de quelques années, je
te ferai mon héritier. — Non, répond le pauvre; je veux bien
gagner une belle aisance, mais à mon idée. Prête-moi seulement de quoi mettre en train mes projets. — Le riche prête;
le pauvre perd; le riche prête encore, deux fois, trois fois, dix
fois. Le pauvre, malhabile, continue à perdre. Le riche, qui
l'aime de plus en plus, à mesure que ce maladroit s'enlize et
s'aigrit, voudrait lui faire entendre raison. Le pauvre ne
l'écoute pas, et se fâche. Alors n'arrivant à rien par les bons
procédés, le riche essaie de faire le méchant. Il envoie au
pauvre l'huissier. Le pauvre connaît la vraie misère, la saisie,
la prison. Enfin, il perd sa sotte fierté, cause de tout mal, et
accepte les conseils du bon riche qui, le voyant modeste enfin
et reconnaissant, le console et lui lègue sa fortune.

Ainsi Dieu voulait rendre les hommes heureux, mais les
hommes n'ont pas accepté; ils ont, à force d'efforts, bâti cette
civilisation, cette science qui, cependant, s'effondrent à chaque
pas, parce qu'elles s'élèvent sur la Matière et sur le Moi. Alors
le Père envoie l'huissier : la guerre, l'épidémie, la catastrophe.
Mais Il ne châtie pas : Il ne s'offense pas; Il possède toute la
patience et toute la bonté. Il ne permet les réactions expia-
trices que pour le minimum indispensable; ces paiements de
dettes deviennent des bénédictions. Parce que, si, en justice,
une souffrance ne fait que réparer exactement un mal commis,
le Père très bon, donne à son enfant qui a souffert, une petite
douceur en plus pour l'encourager à nouveau.

⁂

Un homme au sortir d'une maladie, un peuple à l'issue d'une lutte dévastatrice, leurs esprits sont ensemencés de Lumières nouvelles. Actions et réactions, voilà tout le jeu de la Vie. Cetteguerre sera un effondrement du matérialisme, de la religion de la Science, de l'idolâtrie de l'Intelligence. On a goûté de force la saveur amère de leurs fruits : violence, basses ruses, ignominieuses cruautés. La Science reconduisant à la barbarie, les hommes appelleront l'Amour, et courront au devant de la Charité.

Ayons la sincérité de le reconnaître : les tragiques horreurs qui se déroulent maintenant, au grand jour, avec un sinistre éclat, ce sont les filles monstrueuses des innombrables petites horreurs obscures que nous avons accumulées pendant des générations. Ces médisances, ces lâchetés, ces calomnies, ces féroces calculs de l'arrivisme, ces gestes cyniques du vice, ces traîtrises à la parole donnée, ces vols légaux, ces meurtres aussi, les voilà devant nous représentés par une soldatesque brutale.

Si des monuments magnifiques tombent, si des chefs-d'œuvre sont détruits, c'est pour nous rapprendre l'école sévère de l'Art, l'austère religion de la Beauté, qui ne veut pas de fidèles ambitieux de fortune ou d'honneurs. Si des maisons par milliers sont en ruines, c'est pour nous démontrer le néant de l'avarice ; c'est la parole éternelle qui résonne de nouveau à nos oreilles enfin attentives : « Chaque fois que vous n'avez « pas donné à manger, que vous n'avez pas donné à boire, « que vous n'avez pas vêtu, que vous n'avez pas soigné, que « vous n'avez pas consolé l'un de ces misérables dont tout le « monde détourne la tête, c'est à moi, à moi le Verbe, à moi « le Seigneur, que vous n'avez pas fait ces choses ». Si des innocents sont massacrés, c'est parce que des criminels demeurèrent impunis. Si des liens sacrés sont rompus par les mains ignominieuses d'une soldatesque démoniaque, souvenons-nous de tant de promesses que nous n'avons pas tenues, de tant de paroles jurées que nous avons trahies.

Loin de moi l'affreuse pensée d'un blâme sur quiconque ; loin de moi le misérable et cruel sentiment du : C'est bien fait. Je suis obligé de dire ces choses dures ; je vous les dis avec douleur ; j'en prends ma large part ; je le sais bien que je n'ai jamais entièrement accompli mon propre devoir. Mais je brûle d'allumer dans le plus grand nombre de cœurs, dans tous, cet incendie de repentir, pour purifier, pour sauver, pour régénérer ; avec des hommes nouveaux se créera une France nouvelle, nette de tous fractionnements. L'union sacrée existe pendant la guerre ; mais songez à quelle profondeur elle doit pousser ses racines en nous, pour qu'elle se perpétue après la guerre !

C'est à ce labourage que je vous convie.

Vous excuserez la hardiesse de mes exhortations à cause de leur sincérité. Je sais que je touche à des plaies encore ouvertes ; je le fais avec infiniment de respect. Mais je ne puis pas détacher mes regards de l'œuvre qui nous reste à accomplir. Et puis, quand, vous et moi, nous nous trouvons ensemble, ce n'est pas un homme qui, séparé d'eux, parle à d'autres hommes ; je suis avec vous, confondu dans vos rangs ; c'est à Dieu que nous parlons ensemble ; et nous devons pouvoir avouer nos torts ouvertement sans qu'aucun de nous, surtout moi, critique les autres.

Le genre bénisseur est néfaste. Reconnaître ses torts est déjà le commencement de la réparation. Soyons durs envers nous-mêmes. Nous avons tant à faire pour que ce titre de Français atteigne sa perfection en se confondant avec celui de Soldats du Christ !

Des utopistes s'obstinent à prêcher l'amour de l'ennemi de la Patrie. Qu'ils ont donc mal lu l'Évangile ! Aimons nos ennemis, certes, mais nos ennemis personnels ; pardonnerai-je à un brigand s'il attaque un être dont j'ai la garde ? Ce serait une tartuferie. Nous n'avons pas à pardonner aux ennemis de la France. Il faut les empêcher de nuire, par tous les moyens, pour toujours. Et cette lutte future, après la lutte sanglante, nous n'aurons pas trop de toutes nos forces pour la soutenir, jusqu'à la mort.

*
* *

Certes, il dépend de nous que la France souffre moins. Mais je dois dire à ceux qui l'aiment d'un amour plus fort que la mort, d'un amour plus fort que la vie, je dois leur dire que notre Christ est avec elle : elle est sa fille. Elle sera victorieuse infailliblement; sa victoire sera la plus pure; et entre tous les vainqueurs, ce sera elle la plus désintéressée au partage.

Dieu a choisi la France pour servir de mère aux nations. Tout ce qu'il a donné aux autres peuples, c'est par la France qu'ils l'ont reçu; c'est elle qui porte le flambeau du monde. C'est par elle que la Liberté véritable s'approche peu à peu de la terre; cette Liberté faite de l'harmonie réciproque de toutes les libertés particulières; image de la Liberté éternelle qui est l'atmosphère même du Royaume de Dieu.

Sans la France, depuis longtemps la Justice divine aurait balayé l'Europe de dessus la terre. Nous avons l'habitude de dire beaucoup de mal de nous-mêmes, tandis que les autres cachent soigneusement leurs tares. Humainement parlant, nous avons tort d'agir ainsi; mais cette franchise nous vaut toutes les sollicitudes de la Miséricorde. Il est arrivé à notre Patrie de sortir de la voie droite; le Ciel lui a toujours envoyé un bras puissant pour la remettre dans le bon chemin.

La France remplit entre les peuples le même rôle qu'un Saint parmi les hommes. Elle est initiatrice, elle est holocauste, elle est victime expiatoire. Elle doit donc plus que les autres souffrir, plus que les autres peiner, et parfois bien qu'innocente. C'est pourquoi elle est belle; non seulement son corps est splendide, ses paysages résument tous les paysages terrestres, avec en plus je ne sais quoi d'immatériel et d'ailé; mais encore son atmosphère psychique est pure, humaine, sensible, et tonifiante, plus qu'aucune autre. De tout, de toute science, de tout art, de toute philosophie, de toute vie intérieure, de toute activité extérieure, la France offre des modèles; de tout, elle est un microcosme, et elle réunit en soi la perfection de la Nature aux grâces les plus émouvantes dont le Ciel ait jamais comblé un peuple.

Nous, les spiritualistes, et parmi nous ceux-là qui ont offert au Christ d'un vœu définitif, leur force et leur amour, quelles énergies le sentiment de l'élection au titre de Français ne doit-il pas fomenter en nous! Le sort que confère ce privilège est tellement magnifique! Avez-vous jamais « entendu » ces paroles du Christ, graves et toutes belles; écoutez-les résonner dans le profond de notre cœur: « Quand on parlera de guerres et de « bruits de guerre, gardez-vous de vous en troubler, parce

« qu'il faut que cela arrive. Se soulèvera, en effet, nation
« contre nation, royaume contre royaume ;... famines, trem-
« blements de terre : tout cela ce seront les douleurs de l'en-
« fantement. »

Les douleurs de l'enfantement ! Quel enfantement ? Dieu
ne parle pas en symboles ; tout au plus en paraboles, quand
Il veut ménager la faiblesse de notre vue. Et Ses paraboles
restent quand même des réalités. Cet enfantement c'est celui de
la terre nouvelle, du Royaume éternel enfin descendu ; vous
verrez alors, vous toucherez, vous expérimenterez l'Amour
pur ; vous en goûterez les ineffables délices. Toutes nos douleurs seront payées au centuple ; leur souvenir ne sera plus
qu'une fumée derrière nous, au fond du val. Dans le concert
de l'allégresse universelle, la France tiendra la première place ;
et son sol sacré, que ses fils fécondent aujourd'hui des flots
d'un sang si pur, c'est celui-là même sur qui s'élèveront les
murailles brillantes de la cité terrestre de Dieu.

Cet avenir est pour moi une certitude ; vous pouvez sans
crainte ouvrir vos cœurs à ces espérances. Combien de fois
n'avez-vous pas dit : « Que ton Règne arrive ! » Vous allez être
exaucés. Mais tendez vos cœurs, athlètes du Christ ! Il n'y
aurait pas de raison pour que, moi, je vous exhorte, si ce n'était
l'ardent désir que vous répondiez à l'appel pathétique de la
double Victoire : Victoire militaire, Victoire spirituelle. Je le
sais, tous et toutes, vous portez en vous la flamme qui fait
l'héroïne et le héros. Mais nous n'avons pas seulement la
France à conduire au triomphe ; son Maître aussi, notre Maître,
le Christ, doit trouver par nos soins Ses sentiers aplanis. Plus
que des héros, nous devons être des saints ; et cela, c'est difficile. Voilà pourquoi je me suis permis de nous dire quelques
vérités, bien que je n'aie le droit de dire de vérités qu'à moi-
même. Nous avons la chance rare que l'œuvre patriotique soit
précisément l'aspect national de l'œuvre christique. Ne laissons
pas perdre ce privilège extraordinaire. Nous pouvons confondre
dans un unique amour la France notre Mère, et Dieu notre
Père : donnons-leur pour toujours et totalement notre cœur,
notre âme, nos forces et nos pensées.

LE PATRIOTISME ET L'ÉVANGILE

Le Patriotisme, qui est un des modes les plus hauts de l'amour fraternel, reçoit des enseignements du Christ une confirmation irréfragable. Ceci est une évidence; mais il devient parfois nécessaire d'affirmer à nouveau les axiomes.

Jésus, qui réunit dans Sa personne les archétypes de tous les sentiments nobles, apparaît à mes yeux comme le modèle du citoyen et le modèle du soldat. Il a toujours obéi aux lois de Sa nation; Il l'a toujours servie, puisqu'Il lui a donné le rayonnement immédiat de Son Œuvre public. Il a toujours combattu dans la bataille universelle et perpétuelle que les Ténèbres livrent à la Lumière. Il a combattu jusqu'à la mort physique; Il a combattu, on peut bien le dire, jusqu'aux approches de la mort de l'esprit.

Le mystique trouvera donc en Jésus, par cette invocation ardente et vivante qui est une évocation, la règle et l'idéal de son patriotisme. Dans la vie ordinaire, que fait ce mystique? Il aime d'abord son Christ, et s'abîme en ce cœur illimité. Il se revêt de Jésus, Il Le copie, Il Le fait vivre en soi, il restaure toutes choses en Lui; aucun acte enfin, aucune pensée, Il ne se les permet qu'en se demandant : que ferait Jésus à ma place?

Or, Jésus, c'est le prince de la patrie éternelle; et la France, c'est celle des patries terrestres qui ressemble le plus

2

à la patrie divine. Jésus doit donc nous montrer le vrai patriotisme.

.*.

Que répondre à ceux qui demandent par quelle parole le
Christ commande d'aimer sa patrie ? On ne trouve point un tel
ordre dans l'Évangile ; saint Paul enseigne ce devoir ; mais le
Christ, non pas.

Le Christ ne dit pas aux pères et aux mères d'aimer leurs
enfants ; Il ne dit pas qu'on soit doux avec les animaux ; et Il
ne recommande pas davantage aux Israélites d'aimer leur
patrie. C'est qu'Il s'adresse à des êtres humains, non à des
diables ou à des esprits élémentaires revêtus de la forme humaine ; Il s'adresse à des fils d'Adam, porteurs de l'étincelle
éternelle ; en eux, certains aspects simples de l'Amour doivent
être, sont innés.

Chez des peuples de forte tension vitale, la foi patriotique
se confond avec la foi religieuse. Cela se remarquait en Israël.
Il en résulte une certaine déformation de l'idée de Dieu ; on la
fait servir à toutes sortes de buts que guide l'égoïsme politique. Je ne m'égarerai pas dans la théologie comparée ; mais,
impossible de ne pas mettre en parallèle l'antique Jéhova et
tels dieux nationaux contemporains, tous austères, durs, impla-
cables, ne distribuant que des récompenses matérielles, la
richesse, la force économique, les multitudes d'esclaves, tout
ce qui dépend du Prince de ce monde, et inspirant avant tout
à leurs peuples l'orgueil de se croire les peuples élus, en tête
de tous les autres peuples. Lesquels, des dieux nationaux res-
semblent à ce Père que Jésus nous révéla ? Le dieu des races
slaves, celui de la Pologne opprimée, celui enfin de la France.
Seuls entre tous, ces trois peuples ont su ne pas déformer
l'apparition surnaturelle. Si, parcourant leur histoire, nous en
voyons les classes supérieures de nombreuses fois trahir leur
destin providentiel, la masse profonde des Slaves, dans les
ténèbres de son ignorance humaine, a gardé une lueur de la
science divine. Et, plus étonnante encore, la masse populaire
française a gardé la même lueur malgré son affinement, son
éducation mentale et son intellectualisme subtil.

Ici, encore, la France est privilégiée. Quelle nation a si généreusement offert de soi-même aux autres? Laquelle possède à un égal degré le sens de l'idéal et le goût religieux par excellence, le goût du sacrifice? J'ai entendu des spécialistes prétendre que le Français n'est capable que d'une religiosité moyenne, d'une bonne religiosité bourgeoise, et que la France n'a pas fourni de grands mystiques comme l'Italie, l'Espagne, l'Allemagne. Au contraire, c'est la France qui a engendré les hommes les plus proches de Dieu. Ses saints ne sont pas des déséquilibrés sublimes; ils gardent une santé intérieure admirable; ils sont souriants, aisés, forts avec de la grâce, surhumains sans raideur. Après avoir patiemment disséqué les visionnaires germaniques, après s'être ébloui aux flammes des moines italiens, aux extases des nonnes espagnoles, comme on aime revenir à l'abbé de Clairvaux, à l'évêque de Genève, à Pascal, à Vincent de Paul, au pauvre petit Curé d'Ars! Comme ceux-là nous montrent un Jésus ami; comme ils nous en facilitent l'approche; comme leurs méthodes sont excellentes et pour tout le monde! Et les saints inconnus, ceux qui vécurent tellement ensevelis dans leur humilité que ni la gloire humaine, ni la gloire ecclésiastique ne purent les apercevoir. Je vous raconterai quelque jour des histoires sur ces hommes. Et, en les mentionnant ici, je ne suis pas sorti de mon sujet.

Car je désire faire comprendre d'abord combien l'homme a besoin de Dieu, lorsqu'il cherche à hausser son cœur jusqu'au roc de la certitude. Le meilleur patriote sera le meilleur chrétien. C'est pourquoi le Français trouvera toujours en lui des ressources inattendues, dans des circonstances où n'importe quel autre homme désespérera. La science, la prévoyance, l'art d'organiser, la discipline, toutes ces forces ont des limites; elles se rencontrent à un moment donné, face à face avec l'impossible. Celui des deux adversaires qui triomphe alors, c'est celui qui possède de la foi, une foi mystique, une foi surnaturelle. Le mot « impossible » n'est pas français, a-t-on dit; ce n'est point tant parce qu'un Français saura mettre en œuvre plus d'habileté ou d'énergie qu'un autre; c'est parce que le Français toujours s'appuie sur une foi; il en vit; il croit en un homme, en un principe, en un sentiment, et cela lui donne la victoire. Quelle ne doit pas être sa force lorsque c'est au Principe des principes qu'il croit; au Fomentateur omnipotent de tous les enthousiasmes, à l'Incarnation vivante de toute charité, au Libérateur universel ?

Napoléon Ier a dit : C'est la force morale qui gagne les batailles; tous les jours nous vérifions l'exactitude de cette sentence. Où prendre cette force morale ? Quelle en est la source inépuisable ? Comment nous l'assimiler ? Voilà ce que je désirerais vous dire aujourd'hui.

La réponse à ces trois questions est simple : c'est la même réponse. Il faut prendre la force morale dans l'exemple de Jésus; la source en est le cœur de Jésus; nous l'assimilerons en imitant Jésus.

De nombreux passages des Évangiles montrent l'importance d'Israël dans les préoccupations du Christ. C'est à la partie de son œuvre accomplie en Israël qu'Il a voulu donner une gloire universelle; Il Se dit envoyé seulement aux brebis perdues d'Israël; c'est à Israël qu'il délègue d'abord Ses apôtres. L'argument du Grand-Prêtre qui décide de la mort du Juste, c'est qu' « il vaut mieux qu'un seul homme meure plutôt « que tout le peuple périsse ». Et cette lamentation sur la ville impénitente, comme elle palpite d'un amour profond : « Jéru- « salem, Jérusalem, qui tue les prophètes et qui lapide ceux « qui te sont envoyés, combien de fois ai-je voulu rassembler « tes enfants comme la poule rassemble ses poussins sous « ses ailes, et tu ne l'as pas voulu... »

C'est le souci de Son peuple qui d'abord courbe le front du Christ; ce sont les péchés de Son peuple qui d'abord meurtrissent Ses épaules; et dans Ses oraisons nocturnes sur les montagnes désertes, c'est d'abord le nom de Son peuple qui revient sur Ses lèvres. Et Il savait d'avance Ses efforts inutiles! Et, malgré cela, Il lui a tout donné, tout; car le moindre de Ses dons renferme tout, parce que c'est Lui qui donne.

Veillons à ne pas imiter l'ingratitude d'Israël. La France est la patrie morale du Christ, sa patrie d'adoption : le jour où

Il nous ouvrira les yeux, nous serons éblouis des splendeurs dont Il l'a comblée.

Tel est ce cœur immense, qui s'embrase d'un seul effort pour les créatures innombrables, et qui sait en même temps dispenser à chacune l'exacte mesure d'amour qu'elle est capable de contenir.

La contemplation du Béni effraie à la longue, et décourage. Il est trop haut, Il est trop splendide, Il écrase le contemplateur. Et cependant voici tout à coup le Très-Grand à nos côtés; Il s'est rapetissé presque à notre taille; Il s'est couvert de voiles; Il veut qu'on puisse Le regarder longtemps, attentivement, commodément; car Il veut que nous L'imitions. Et seul de tous les dieux, Jésus est imitable, parce que, plus haut que les plus grands, plus modeste que les plus petits, Il demeure toujours réel, précis, tangible, pratique.

Ah! l'homme qui croit au Christ est plus fort que tout l'univers! Il porte constamment en soi l'idéal multiforme de tout ce que la vie peut lui demander à n'importe quelle minute; concentré dans les réalisations successives à chacune desquelles il se donne d'un total effort, il accomplit selon leur plénitude les heures de son existence, et, par la porte très étroite du Présent, il entre, encore sur terre, dans la béatifique Éternité.

*
* *

J'aimerais que nous puissions revoir ensemble notre histoire de France. Je sais que vous l'aimez, notre France, mais il me semble toujours qu'on peut l'aimer davantage, et encore davantage : on peut l'aimer à l'infini. J'aimerais que nous regardions ensemble passer les Celtes, les Druides, et la domination romaine; et le christianisme, et Geneviève, et Charlemagne; la Sorbonne, saint Louis, Jeanne d'Arc; et Henri IV, et Louis XIV, et la Révolution, — et le petit Caporal: tout enfin. Les moindres détails de notre histoire sont si révélateurs!

Et les lettres françaises, et l'art français, tous ces nobles monuments, vastes, non démesurés, d'une ordonnance libre et sobre; ce génie clair; ces ailes qui montent, et qui savent redescendre, d'un même élan où l'effort ne s'aperçoit point;

tous ces chefs-d'œuvre enfin, dont chacun des chefs-d'œuvre étrangers ne paraissent plus ensuite que les simulacres : quels trésors de sensibilité, d'intelligence subtile, et de grâce ne denotent-ils pas ?

Il y a dans le Français un fonds inaliénable d'humanité, de générosité, de noblesse ; il ne sait pas haïr. Je causais un jour, dans un jardin d'hôpital, avec quelques blessés ; j'étais parvenu à leur faire raconter des anecdotes ; entreprise arduo, car ces hommes d'action n'aiment point parler, sauf de leurs champs, de leur commerce, de leur famille, de ce qui était leur vie, et que la guerre a éparpillé ; ils ignorent qu'ils sont des héros. L'un d'eux, un vigneron champenois, s'était trouvé, après la bataille de la Marne, repasser par son village. Il avait couru vers sa maison ; il l'avait trouvée en ruines, et dans la cave, sa femme et sa petite fille, sans sépulture, dormaient leur dernier sommeil. Mais le rassemblement avait sonné ; l'homme avait rejoint son escouade ; il avait continué à se battre ; et il était là maintenant, blessé, veuf et seul dans le monde. Il racontait cela aux camarades. Et l'un d'eux lui dit : « Quand on va rentrer chez eux, tu sais, on leur rendra tout cela, va, as pas peur ! » Mais le vigneron répondit en hochant la tête : « On dit cela, oui, je sais bien ; mais quand on y sera, on aura jamais le cœur, on pourra jamais toucher à des femmes ou à des enfants. » Ce paysan soldat, c'est toute la France, terre de chevalerie, fief du Christ.

La France, avant-garde des nations, est aussi à leur arrière-garde. Comme le chien du Berger, elle s'élance pour entraîner le troupeau ; elle en fait le tour, elle harcèle les retardataires, et elle recommence, infatigablement. Et quoique le chien garde les moutons des loups et des voleurs, les moutons ne l'aiment pas, parce qu'il les empêche de flâner.

Je juge autrement que l'historien les guerres et les conquêtes. Les grands capitaines, les hommes d'État croient agir librement, en toute connaissance de cause : ils sont menés par les génies et les anges nationaux. Les grandes entreprises politiques ont toujours produit des résultats inattendus. Un exemple seulement : Napoléon croyait ne travailler que pour la France ; certes, il a redonné à la patrie son unité, sa cohésion ; mais aux peuples vaincus il a été aussi utile. C'est grâce à lui que l'Allemagne a commencé d'être une; et à son tour, aujourd'hui, l'Allemagne, par la rage de sa haine, fait que la France se replace d'un élan à la tête des nations.

L'État spirituellement inférieur est presque toujours celui qui attaque, parce qu'il se croit matériellement le plus fort. C'est ainsi que nous avons été si souvent des dupes, dans les arrangements internationaux. Cela est bien : être dupe ou victime, voilà la meilleure manière d'éclairer le fourbe ou l'agresseur. L'Évangile le dit; c'est le destin providentiel de la France. N'en déduisez pas que je vous conseille de ménager nos adversaires actuels. Tout au contraire; il faut que notre victoire soit éclatante, définitive, écrasante. Le contraste entre le triomphe extérieur et la clémence intérieure augmente l'effet spirituel de celle-ci. Notre devoir unique est de lutter contre l'ennemi jusqu'à la mort, et tout le monde, les femmes comme les hommes, les civils comme les soldats.

L'âme de la France n'est pas vindicative; nous pardonnerons toujours assez tôt, — je dirais : trop tôt, si je ne me souvenais que nous avons avec nous Quelqu'un de plus fort que tous les canons et de plus sage que toutes les diplomaties. L'âme de la France ne peut pas tomber dans la fange; elle est une étincelle insigne de l'âme de Jésus; elle est son ange parmi les nations; quand apparaît en ce bas monde un de ces hommes qui « sont le sel de la terre », qui arrêtent la corruption universelle, qui rassemblent les « soldats » du Christ, et qui sèment à pleines mains les preuves éclatantes de la sollicitude divine, c'est toujours la France qu'ils choisissent pour patrie.

Nous pouvons donc nous battre de toutes nos forces : jamais nous n'abuserons de la victoire.

Le Christ semble condamner la guerre, puisqu'il ordonne : « Aimez-vous les uns les autres. » Mais si nous nous aimions comme Lui nous a aimés, aucun État ne pourrait nous attaquer; notre patrie serait comme le saint dans la forêt : non seulement les fauves lui sont inoffensifs, mais encore ils viennent lui rendre hommage à leur façon.

Voici la diplomatie divine; d'une part : « Aimez-vous »; d'autre part : « Je ne suis pas venu apporter la paix, mais la guerre. » La méthode providentielle de gouverner le monde apparut-elle jamais plus clairement? Jésus donne le précepte et fournit l'obstacle grâce auquel l'obéissance au précepte demande quelque effort; comme dira plus tard saint Paul: Sans la loi, pas de péché. Sentez-vous bien qu'il s'agit ic d'une école, d'une période d'exercice, au bout de laquelle un examen vous ouvrira de paisibles et joyeuses vacances?

Pourquoi nous alarmer ? Toute épreuve n'aura qu'un temps. Le Père a donné au Mal la même force qu'au Bien, de façon que la lutte se perpétue et se propage jusque dans les dernières retraites où l'adversaire puisse se réfugier. Mais Il a donné au Bien quelque chose dont le Mal est dépourvu, une toute petite chose, presque imperceptible. C'est une certaine lueur, que l'on devine plutôt qu'on ne la voit; cela ressemble à ces minutes d'avant l'aurore, où les ténèbres nocturnes sont tout à coup moins opaques, bien qu'il fasse encore nuit noire; les ténèbres ondulent, comme une grande tenture que l'esclave s'apprête à écarter. Et ce frémissement, puisqu'il faut lui donner un nom, c'est la douceur de la Sagesse éternelle. Par cela, le Bien triomphera.

Jésus est le grand Guerrier; Jésus a promis le Royaume aux violents; Jésus est venu mettre le feu sur la terre; Il l'affirme; Il insiste : « Qu'il me tarde jusqu'à ce que ce feu soit allumé. » Mais c'est avec les armes de l'Amour qu'il combat; avec la patience, avec l'indulgence, avec le sacrifice. Jamais Jésus ne s'est mis en colère; Il a fait quelquefois les gestes de la colère, par exemple, en chassant les vendeurs du Temple; jamais cette folie n'a entamé Son calme; et Sa puissance de combattre n'est devenue que plus forte et plus invincible par cette constante maîtrise de soi.

On ne s'imagine pas quelle vertu confère aux gestes de la haine d'être effectués dans l'esprit de l'Amour; leur énergie de rayonnement s'en trouve décuplée. L'homme assailli par la tentation succombera presque fatalement s'il s'irrite et se débat; de même un pays, surtout quand l'agresseur est barbare, triomphera certainement, si sa défense, quelque meurtrière qu'elle soit, reste calme et noble. Ne pas s'opposer à des hordes d'assassins, sous prétexte d'humanitarisme, est une pure insanité; laissera-t-on un ivrogne à son absinthe parce que la privation le ferait trop souffrir ? Non, le Christ n'a jamais rien enseigné qui ne soit d'accord avec le plus simple bon sens. Si nous ne pouvons arrêter les bandits qu'en les tuant, il faut les tuer, le plus possible et au plus vite ; si nous nous soucions de ce qui leur tient lieu d'âme, l'absence de haine dans nos cœurs pendant que nous les châtions, suffit à implanter en eux le germe du remords, et à préparer leur lointaine amélioration.

Combattons comme Jésus. Dans les mondes où Il passe, Il sème le bien à poignées, surabondamment. Le mal s'effare, s'irrite, bouillonne, et attaque les serviteurs du bien. Il s'enrichit de leurs dépouilles, il s'en alimente, et grandit, jusqu'à sa limite. A ce moment Jésus reparaît comme juge ; Il reprend toutes ces flammes, devenues ardentes : celles de la Lumière, capables d'éclairer davantage ; celles des Ténèbres, ayant atteint le paroxysme de leur fureur. Et il suffit alors au Juge de prononcer la sentence pour que l'axe de la planète subisse une révolution, que toute sa biologie soit transformée, que ses habitants soient transférés ailleurs et remplacés par de nouveaux venus.

Nous aussi, en nous sacrifiant au salut commun, nos esprits, dressés dans la Lumière, répandront la Lumière. Et de la violence sortira la douceur ; de la bataille naîtra la paix.

*
* *

Car ce Jésus, en apportant la guerre, dispose les fondements de la paix. Dans les sillons creusés par les obus, des anges répandent les semences de concorde. Les conflagrations comme celles où nous sommes témoins et acteurs, sont, en vérité, des jugements. Le Pacifique y assiste ; Il est là, entouré de Sa Mère et de Ses Amis, ces saints et ces anges que les croyants invoquent, d'autres encore que peu d'hommes connaissent. Comme dit le prophète, Il ne dispute pas, le fabricateur de la Paix ; Il ne crie pas ; on n'entend pas sa voix sur les places publiques ; Il se montre très patient ; Il accorde aux créatures tout le temps nécessaire pour se ressaisir et se tourner vers Lui : Il ne brise pas le roseau froissé ; Il n'éteint pas la mèche encore fumante ; certain de Sa victoire, Il la désire seulement pour le repos qu'elle procurera au monde.

Ainsi devons-nous procéder : servir la France en tout, par les fatigues militaires et par les labeurs civils, silencieusement, tenacement, jusqu'à la limite de nos forces. Quand les muscles n'en pourront plus, les nerfs marcheront ; quand la machine physique sera épuisée, les innombrables ressources de la force morale donneront ; et l'effort continuera.

Ceci est au-dessus des énergies humaines. Le Christ, en élisant notre patrie comme Sa Patrie, s'est engagé implicitement à la pourvoir de vertus suréminentes. De ses grèves à ses montagnes, de ses villes à ses forêts, de ses campagnes jusqu'aux plus subtils rayonnements de son peuple, courent des souffles de l'Esprit. Et chacun des fils de France, dès que le danger collectif réveille en son cœur la flamme patriotique, reçoit de ce même Christ, dispensateur de l'Esprit, l'illumination nécessaire pour se hausser aux gestes héroïques.

Dans une société, tout s'appuie sur l'individu : évidence, certes ; mais on a besoin de se redire les évidences. Dans une organisation seulement humaine, les seuls efforts individuels qui lui profitent sont ceux qui vont au but de cette organisation : un artiste ne peut pas faire servir directement son art à un syndicat de terrassiers. Mais dans le collectif : France, à cause du Christ, une porte s'y trouve ouverte sur l'Absolu ; et à cause de cette porte, l'énergie la plus insignifiante, ou la plus disparate, peut servir et sert à l'ensemble, parce que, elle aussi, toute petite, toute seule, peut rejoindre cet Absolu, son auteur. Le Christ est sur le chemin ; Il accueille et Il recueille, Il transfigure et Il renvoie tout, sublimé, sur ce peuple qu'Il a, dès l'origine, élu.

Mais prenons garde ; le Christ ne joue pas au despote ; notre libre-arbitre est le don le plus précieux de Son Esprit ; jamais Il n'use de contrainte ; Il attend notre bon vouloir ; Il lance Ses lumières, Il envoie Ses cohortes angéliques ; à nous d'ouvrir les yeux, à nous d'écouter les appels ineffables ; à nous de répondre par les signaux de secours. Tous nos soins sont nécessaires pour que rien en nous n'arrête l'influence divine, car elle ne s'impose jamais, sauf au jour du Jugement. Ceci est la pratique de l'ascétisme : une lutte sévère contre notre paresse, notre avarice, notre indifférence, contre nos égoïsmes, surtout contre les plus petits.

Le souffle de l'Esprit est descendu : nous devons maintenant l'assimiler. D'abord le recevoir pleinement, qu'il pénètre jusque dans les plus profonds replis de notre personnalité, que nous nous en saturions. Il faut pour cela nous faire humbles. L'humilité est la ménagère diligente, elle balaie en nous, elle lessive, elle met aux ordures tout le superflu, tout le laid, tout ce qui n'est pas Dieu. Les chambres intérieures une fois nettes et vides, Jésus les meublera selon Son goût, selon l'usage auquel Il les destine; et tout sera bien. Être humble, c'est la première condition de la santé morale.

Après, il faut que les souffles de l'Esprit christique s'incorporent à la substance de notre esprit. Il faut que celui-ci désire celui-là, qu'il en ait faim et soif, qu'il le réclame ardemment. Cela, c'est la prière. Non pas le marmotter de patenôtres, mais le cri du cœur, spontané, sans forme, sans règle ni mesure, l'appel au secours. Je vous ai dit plusieurs fois que la prière force le miracle; bien des soldats savent cela, maintenant par expérience; parmi ceux qui me font l'honneur de se dire mes amis, il en est dont le cœur fut assez ferme pour pouvoir prier avec calme sous le tonnerre des artilleries, dans la ruée des assauts, ou l'éclair des baïonnettes ennemies devant eux. Ceux-là, qui surent deux secondes reprendre leur sang-froid pour jeter à Jésus l'appel dernier, ceux-là sortirent indemnes de l'infernale cohue; les balles suivirent dans leurs vêtements des trajets inexplicables. Car cette guerre fait fleurir les miracles, comme le printemps fleurit à foison les talus des tranchées.

Portant ainsi en soi le don du Christ, mêlé à la chair et au sang, le mystique patriote n'a plus qu'à surveiller les occasions de travail. Les soldats veillent; inutile de le leur recommander; mais les civils?

* *

Récapitulons les précédentes idées. Elles sont importantes; elles doivent faire corps avec notre conscience; il faut qu'elles soient là, toujours prêtes, sans que la mémoire ait besoin de les chercher.

Se faire humble, et veiller, c'est la base double et constante de l'attitude mystique. La prière et l'action alternent; prière très attentive et très humble; action très soigneuse et silencieuse.

La prière, ces temps-ci, est chose particulièrement grave; je vais essayer de vous le montrer.

Jésus est là, tout près, puisque nous sommes dans l'affliction; Il nous sollicite; Il nous attend. Les obstacles que les diables et nous mettent en travers de Ses projets ne L'impatientent pas. Il nous plaint; Il s'ingénie à utiliser pour notre avantage nos fausses manœuvres. Toujours il atteint son but, et nous rapproche de celui qu'Il a désigné pour nous, même lorsqu'il paraît les avoir l'un et l'autre complètement manqués.

Une indulgence aussi riche en ressources réduit singulièrement le domaine de la Fatalité. On voit pourquoi la prière est si puissante. Dès que l'un de Ses enfants L'implore, le Père trouve toujours sur l'heure le moyen de changer de fond en comble Ses projets les plus complexes. Mais Il ne cède qu'à la voix de Ses enfants, de ceux qui ne travaillent que pour Lui, c'est-à-dire pour les autres, ou qui, au moins, s'y efforcent de leur mieux. Je vous ai longuement parlé de cela autrefois: je vous ai dit ce que sont les disciples, les serviteurs, et les amis du Christ, les laboureurs, les soldats et les chefs. Vous en savez assez pour sentir les immenses avantages que l'humanité entière retire de l'entrée d'un seul d'entre nous dans l'une de ces phalanges. Et jamais les circonstances ne vous presseront plus impérieusement qu'aujourd'hui de suivre une telle carrière.

Un mot encore, pour rectifier une théorie fausse, qu'on voit se répandre actuellement.

Le danger fait revenir vers Dieu beaucoup d'hommes indifférents ou incroyants. D'autre part, chez les civils, les diverses Églises recommandent la prière collective comme plus puissante devant Dieu : plus il y aurait de Français priant pour la victoire, plus vite elle nous serait donnée. Sous cette forme, la théorie est fausse; tout au moins elle prête à équivoque. Cela voudrait dire que la quantité de prières importe; cela

ramènerait aux milliers d'invocations quotidiennes du boud-
dhisme, du brahmanisme, de l'islamisme; ce serait ne voir
dans l'acte de prier qu'un dégagement magnétique; ce serait
de l'occultisme. N'oublions pas le conseil de Jésus : « En
« priant, ne multipliez pas les paroles, comme font les païens;
« ils s'imaginent, en effet, que c'est à force de paroles qu'ils
« se feront exaucer. Ne les imitez point, car votre Père sait ce
« dont vous avez besoin avant que vous le lui demandiez. »

La prière n'est pas un fluide ou un psychisme qui augmente
avec le nombre de récitants comme augmente avec le nombre
de tours l'intensité d'une dynamo. C'est la qualité qui importe
dans la prière, et non la quantité. Une minute de la prière
d'un saint dépasse infiniment des heures de litanies récitées
par une multitude de fidèles médiocres.

Parmi ceux qui m'écoutent, deux ou trois au moins savent
par expérience ce que c'est que la patrouille avancée, la
contre-attaque et l'assaut. Ils savent que s'ils sont là maintenant, c'est sans doute en vertu d'une prière. Et cet appel
sauveur, ils l'ont lancé tout seuls, n'importe comment, mais à
cœur perdu : dans ces minutes-là, les formes tombent en
morceaux, et la Vérité essentielle apparaît. J'entends encore
un jeune soldat blessé, en traitement dans un hôpital où je
fréquentais, me dire, avec quel accent de ferveur heureuse,
les prières uniques qu'il avait faites, et ses minutes d'extase
dans ses nuits de garde, seul, avec la mort rôdant alentour.
Oui, la vérité est simple, notre cœur est simple, notre Jésus
est simple; et lorsque ces trois deviennent Un, nos prières
sont entendues.

***

Reprenons notre exposé.

Le mystique patriote a nettoyé la chambre secrète de son
cœur; il s'est offert à la visite divine, il l'a reçue, il en a
profité. Il est prêt pour l'action.

Comment va-t-il sortir à la suite du divin Voyageur?
Comment pourra-t-il Le suivre?

En L'imitant; en copiant Ses gestes: semer le bien; subir
le mal; donner à autrui son temps, ses forces, son intelligence,
son affection; supporter les maux d'ancienne provenance, et

les maux récents que les bonnes actions nous amènent à coup sûr. Voilà une autre sorte de prière, la prière de l'exemple; voilà le véritable humanitarisme, la charité vivante, le travail du soldat du Ciel.

Remplacez le mot Ciel par le mot Patrie: vous avez le travail actuel de chaque Français. Remplacez le mot : Enfer par les noms de nos ennemis; vous aurez, dans les maximes évangéliques ainsi traduites, le code du plus pur héroïsme patriotique. De même que le mystique tire toute sa force de Jésus, s'incorpore à l'esprit de Jésus, et soulage Jésus dans son martyre perpétuel, — de même le patriote ne vit que par la Patrie; son cœur est une étincelle de l'ange de la Patrie; et ses fatigues augmentent la force de cet ange.

De même que le Chrétien aperçoit son Christ en tout homme, le patriote aperçoit en tout compatriote le génie même de son pays. Comme Jésus, dans un certain sens, est le Fils de l'Homme, la France est la fille des Français. C'est par l'âme et par l'ange de la France que les dons du Christ descendent sur nous. Comme Jésus en envoyant Sa Lumière à Ses serviteurs, les modèle peu à peu à Son image, la France, par tout ce qu'elle donne à ses enfants, transforme leurs cœurs en son cœur. Jésus, ayant souffert pour chaque homme, chaque homme depuis le Calvaire, porte en soi la lumière d'une des larmes de Jésus. De même, notre France a souffert et souffre encore pour chacun de nous; par suite, chacun de nous contient une étincelle de l'âme de la France.

Le mystique est humble : que le patriote ne se propose pas aux honneurs; je connais des soldats qui cachent leurs exploits.

Le mystique est charitable : que le patriote mette tout en commun avec ses frères; cela, on commence à le faire.

Le mystique est doux : que le patriote domine ses colères légitimes. Toute colère qu'on refrène se transmue en une énergie invisible infiniment plus active et plus durable.

Le mystique ne hait pas les démons qui l'assaillent; il les arrête invinciblement, et les repousse. Le patriote ne haïra pas non plus les ennemis; sa haine retomberait plus tard sur son pays. Il les mettra dans l'impossibilité de nuire, il les rejettera dans leurs repaires.

Le mystique pardonne enfin : le patriote pardonnera aussi à ceux qui lui ont nui personnellement. Mais de, même que l'envoyé de Dieu sait réduire les oppresseurs et les tyrans, le patriote aussi saura défendre et son pays et ses frères trop faibles ; par les armes, d'abord ; par des lois prohibitives, par des mesures économiques, par des barrières industrielles et commerciales. Défendre la France, c'est défendre l'instrument ethnique des desseins providentiels.

..

Et en prononçant ces derniers mots, je sens tout à coup comme les comparaisons que je viens d'établir entre le mystique et le patriote sont inexpressives. Ces deux types sont plus proches que je ne le dis. Regardez le monde des astres. On y voit des planètes qui tournent par groupes autour d'un plus petit nombre de soleils. Ceux-ci évoluent autour de certaines étoiles immenses ; 'et tout l'énorme système se dirige vers un centre inconnu, quelque part, dans les ténèbres des sommets firmamentaires. Or, il y a une route droite — la Colonne du Monde — qui va du Centre inconnu à une certaine étoile, puis à un certain soleil, puis à une certaine planète, puis sur cette planète, et successivement, à l'âme d'une certaine race, d'un certain peuple dans cette race, à un certain individu dans ce peuple. Et cela continue jusqu'au siège de Lucifer dans le centre des Ténèbres Extérieures.

La France est située là où le rayon direct traverse la terre. Plus bas commence le royaume du grand Révolté. L'individu, dans ce peuple de France, que touche ce même rayon, je vous en parlerai plus tard ; ou mieux, vous en entendrez parler. Mais, ce qui importe, c'est que cette relation singulière soit renforcée par nos soins. Et cela n'est possible que si le patriote devient serviteur du Christ.

La patrie de la science matérielle nous a attaqués, comme un bandit en embuscade ; l'univers a besoin d'un spectacle réconfortant ; la France doit montrer au monde qu'elle est la patrie de la liberté, de la loyauté, de l'amour fraternel.

Regardez un amour véritable ; il donne son argent, son pain, sa santé, tout, pour procurer à celui qu'il aime le moindre soulagement. Faites cela ; faites cela aux inconnus d'abord, à vos amis ensuite, à vos proches en dernier lieu ; car ceux-ci, vous les aimez naturellement ; les inconnus, vous ne pouvez pas les aimer d'abord. Voilà le véritable humanitarisme. Prenez le passant, le miséreux, au physique ou au moral ; parlez-lui ; donnez-lui ce qu'il y a de bon chez vous et en vous. C'est à Jésus même que vous parlerez et que vous donnerez.

Si vous saviez le bonheur que le Père réserve à Ses enfants ! Les plus terribles souffrances, la maison incendiée, les siens égorgés, la ruine, l'agonie du soldat dans la glaise glacée, les longs mois de prison, avec la famine et la maladie : tout cela, un certain jour, ne vous paraîtra plus qu'un songe. Vous aurez acheté d'une piqûre d'épingle la plus pure allégresse, la plus sublime béatitude. Ah, si vous saviez ce que c'est que le Ciel ! Il y a des hommes qui en ont eu, l'espace d'une seconde, un lointain avant-goût : et cette seconde leur a suffi pour emparadiser leur existence sur terre et pour leur donner la force ensuite d'accomplir dans des lieux inférieurs la tâche que Jésus leur avait confiée.

Or, s'il est vrai qu'en luttant pour la France on lutte pour Dieu, il est encore, si possible, bien plus vrai, plus direct en tout cas, qu'en accomplissant de toutes ses énergies la loi de Dieu, on aide la France efficacement, on donne à notre pays une force supérieure à toutes les forces.

Essayez, tentez l'expérience. Le Père ne nous demande que cela : des tentatives. Aussitôt, Son Fils descend, et Ses Anges ; et c'est eux qui, par notre intermédiaire, accomplissent l'œuvre. Soyons les instruments de Dieu pour l'œuvre de la Victoire.

LE SOLDAT
CONSIDÉRÉ COMME MYSTIQUE

Je me propose, aujourd'hui, de passer rapidement en revue, à la lumière de l'Évangile, tout ce qui se rapporte à la bataille et à ses suites.

Une bataille ne peut avoir lieu que par l'action d'un cliché. Chaque type de cliché sert à tirer plusieurs batailles : mais, pour continuer ce langage photographique, toutes les épreuves ne sont pas exactement pareilles ; les conditions du milieu, l'état des combattants, en modifient l'intensité ou les détails. Au demeurant, la seule chose intéressante à retenir, c'est qu'une bataille est un phénomène normal de la vie ethnique, prévu dans l'économie providentielle, et toujours salutaire, en somme, dans ses effets.

Voilà des notions bien vagues, sans doute : nous ne sommes pas mûrs pour en savoir davantage. De même que ces enfants qui posent des questions indiscrètes, et à qui leurs parents répondent : « Tu sauras cela quand tu seras grand », ces idées étranges, dont je ne vous parle que pour vous dire de ne point les creuser, restent lointaines, non pas parce qu'elles sont trop subtiles, mais parce qu'elles sont différentes, qualitativement : elles appartiennent à un autre mode de sentir et de penser. Pour l'atteindre, il nous faudrait un long voyage cir-culaire ; attendons ; nul ne s'intéresse plus que Dieu à notre développement. La connaissance prématurée n'engendre que de l'orgueil ; et rien ne rend l'Invisible impénétrable comme l'orgueil.

Le lieu d'une bataille est fixé dès l'origine du continent où il se trouve. Un réseau fluidique de plus en plus complexe se tisse autour de ce point pour y amener silencieusement toutes les particules semi-matérielles qui, un jour, se condenseront en tonnerres d'artillerie et en furieux corps à corps. De là vient que certaines régions semblent prédestinées à la bataille ; un nodus de forces magnétiques spéciales s'y localise, et s'y développe avec les siècles ; et les esprits des combattants anciens y évoqent des combattants nouveaux.

De même que, dans notre corps, certains viscères sont plus particulièrement le théâtre de luttes acharnées entre microbes sains et microbes morbides, de même, il y a des ter-ritoires où tout se trouve disposé en vue de la guerre : il y a des fureurs dans le psychique, dans le physiologique, dans le social, dans tous les plans. Le devoir, c'est de ne pas craindre ces cataclysmes quand il y a des êtres faibles à défendre et des patrimoines spirituels à sauvegarder.

.*.

Nous ne devrions point blâmer ni même juger nos enne-mis ; ils remplissent leur fonction de bourreaux ; si l'humanité avait suivi la voie de l'amour fraternel, des âmes d'assassins n'auraient pas trouvé d'issue pour s'incarner sur la terre. Dieu laisse commettre des excès à une armée brutale, parce que, parmi ses victimes, il en est qui pardonneront. En vérité, ce pardon sera un feu dévorant dans le cœur des tortionnaires ; aussi bas ceux-ci seront-ils descendus dans le crime, aussi haut monteront-ils plus tard, — de longs siècles plus tard — dans le bien.

Que le soldat, chaque jour, demande à Dieu de diriger ses armes ; du fond du cœur, en toute charité ; et jamais ses balles n'iront frapper un innocent. Ne pas haïr l'ennemi particulier, c'est une force ; ne pas être cruel envers l'ennemi commun, c'est une force : et cela se conquiert en épurant son propre cœur. La parole du Christ reste vivante : Qui frappe par l'épée, périra par l'épée. Le soldat doit accepter ce destin ; mais tout destin perd sa vigueur quand on l'affronte avec l'aide de la Lumière du Verbe.

C'est pour cela, qu'à propos de ces carnages effroyables, je ne fais que vous tourner vers Dieu. Par Dieu, toutes les réactions fatidiques peuvent être évitées et toutes les faiblesses naturelles surmontées.

Qu'il y ait besoin d'intrépidité attaquante ou d'immobile endurance, la vigueur des muscles ne suffit pas ; la vigueur de l'esprit est nécessaire ; ou plus exactement, il faut que notre âme communique à notre esprit sa toute-puissance victorieuse.

Il ne s'agit pas, comme font nos adversaires, d'employer des excitants, de répandre des suggestions artificielles, des mensonges ou du terrorisme. Il faut simplement, sainement, accomplir le devoir de chaque heure et demander l'aide d'En Haut. Celui qui, désirant ne servir que Dieu et que la France n'écoute pas les voix décourageantes de la fatigue aux mille formes, mais va constamment jusqu'à la limite de ses énergies, celui-là en reçoit sans cesse de nouvelles et parvient à dépasser cette limite. Cela c'est le véritable progrès ; c'est cette violence sainte qui emporte d'assaut le Ciel. Il est écrit : « Ne craignez pas ceux qui peuvent tuer le corps ». Nos ennemis actuels sont réellement les ennemis du Christ ; je vous l'ai dit bien des fois à propos de panthéisme, d'orientalisme, de surhumanisme ; nos ennemis peuvent tuer nos corps ; mais ils ne peuvent atteindre dans nos esprits, ni la qualité de Français, ni celle de Chrétiens ; ils ne peuvent que sublimiser ces vertus.

La mort pour une cause juste est une victoire. A condition qu'on l'affronte avec une conscience sereine, avec une certitude invincible, avec une confiance absolue dans les promesses de l'Ami divin, seul dispensateur des triomphes durables.

*
* *

Il est demandé au soldat d'aujourd'hui de faire à toute minute figure de héros. La grandeur de notre cause exige cette transfiguration.

Totalement maître de soi, prudent tour à tour, puis intrépide jusqu'à la témérité, obéissant et fertile en initiatives, tel doit être ce soldat. Si un ordre lui paraît faux, qu'il demande au Ciel d'intervenir ; l'erreur tournera en heureuse manœuvre. Jamais d'indiscipline, jamais de laisser aller ; les instincts maintenus ; et cependant toutes les fois que cela est possible donner au corps les soins, la nourriture et le sommeil nécessaires. Les règlements disent bien tout cela ; mais un règlement n'est bien observé que lorsqu'on s'en assimile l'esprit. Or, l'abnégation et l'obéissance militaires ne trouvent leurs racines vraies que dans l'esprit de l'Évangile.

Aujourd'hui plus que jamais, sur le front plus que partout ailleurs, la sagesse parfaite réside dans la conciliation des extrêmes. Tâche difficile, mais il faut le dire bien haut, nos défenseurs s'en acquittent admirablement. Et tout ce que je vous expose ici, ce n'est pas des recommandations : je me jugerais inconvenant d'en adresser à ces hommes admirables ; c'est le simple exposé de ce que, sans phrases, sans pose, ils accomplissent ; j'essaie de vous dire la splendeur qu'ils rayonnent, comme en s'ignorant, afin que notre reconnaissance à nous les civils, jamais ne tiédisse, afin que nous la léguions toujours fervente à nos enfants et à nos petits-enfants, afin que, dans nos travaux moins glorieux, nous nous efforcions de ne pas rester trop en dessous des exemples militaires.

Cette guerre, où l'utile tient beaucoup plus de place que le brillant, oblige le soldat à suivre la méthode du petit effort, tenace, mille fois renouvelé, dont je vous ai si souvent entretenus. Cette méthode est féconde, pour le chrétien, en occasions d'ascétisme. En dehors des mille privations que comporte la bonne camaraderie militaire, je sais des soldats qui, ayant dépassé quelquefois leur devoir, ont eu en outre le courage de laisser aller aux voisins citations et décorations. Ceux-là ont accompli un acte vraiment pur : et le Guerrier surnaturel, au jour de la grande revue des âmes, ne les oubliera pas. Ils sont les soldats de la France et en même temps des soldats du Christ : ils possèdent le courage véritable.

Le vrai courage n'est pas d'ignorer la peur, mais de dominer la peur. Le vrai courage, ce n'est pas l'accès soudain où l'on perd le contrôle de soi ; c'est de garder sa lucidité dans le moment qu'on se précipite vers la mort. Le courage, ce n'est pas de subir un enivrement collectif ; c'est d'être héroïque sans que personne ne le voie, tout seul dans la nuit ; c'est d'être à toute minute prêt : devant le danger moral, trouver de la bravoure morale ; devant le danger physique trouver l'énergie physique, même si l'on est débile ou malade. C'est faire face aux circonstances ; c'est se hausser au-dessus des circonstances.

Le mystique combattant a recours pour tout ceci à une seule force : à la foi. Je ne dis pas l'auto-suggestion des scientistes soi-disant chrétiens, ni des psychistes : je dis la foi surnaturelle.

La foi forge au mystique un bouclier impénétrable. S'il dit à Jésus : « Tu sais que la France a besoin de tous ses enfants ; et moi je sais que Tu aimes la France ; il faut donc, s'il te plaît, que tu me conserves pour elle. » Si cet homme dit cela en toute conviction, en toute humilité, les balles ne l'atteindront pas, ni la maladie.

La foi prévient la fatigue et le découragement ; elle renouvelle nos forces sans mesure ; à condition qu'on les dépense pour les autres ; elle déviera les obus, elle assainira les poisons, elle rendra invisible aux ennemis le soldat égaré ; elle mettra dans les lettres de l'époux le réconfort et la patience pour les chers cœurs qui attendent au loin le retour victorieux.

La foi peut tout, puisqu'elle incorpore notre esprit à l'esprit vivant du Seigneur. Pour la recevoir, il suffit de chasser le doute. L'impossible n'est-il pas le domaine, le mode d'agir, et l'œuvre même du Christ? L'imprudence pour l'homme tiède est une faute. Mais actuellement, les soldats vivent dans l'extraordinaire. C'est pourquoi ils vont de l'avant avec calme, avec sécurité, avec joie.

*
* *

. Ils se comportent, dirait-on, comme si d'un coup, le sens vrai de l'Évangile leur était apparu. Ces paraboles, ces sen-

tences, que beaucoup, parmi eux, ont oubliées, qu'ils écou-
taient le dimanche avec distraction, semblent entrées en eux,
incorporées à leur chair spirituelle. Ils n'ont pas besoin qu'on
les leur redise; ce ne sont plus des paroles du dehors; ce sont
des voix intérieures, ce sont les voix unies de leur sang, de
leur chair, de leur sensibilité, de leur intelligence, de leur conscience, de leur être total. Plaise à Dieu qu'une fois la paix
venue, ils continuent à s'en souvenir; qu'ils cherchent à les
entendre de nouveau, qu'ils les méditent, afin que, dans la
détente amollissante de la sécurité matérielle restaurée, ces
verbes de Lumière soient leur sauvegarde et leur phare.

Les récits qui nous reviennent du front m'émerveillent par
le stoïcisme solide qu'ils dénotent. Il semblerait que tous les
soldats ont compris cette parole du divin Soldat : « Celui qui
veut sauver sa vie en ce monde, la perd dans l'autre, et celui
qui l'aura perdue à cause de moi, la retrouvera — ou exactement traduit : l'enfantera vivante. » Paroles précieuses aujour-
d'hui où la Mort est vraiment la maîtresse de l'heure. Ces héca-
tombes, comme les catastrophes, comme les épidémies, sont
bien des jugements, où les destins individuels cadrent avec le
destin collectif, tout en conservant le pouvoir de modifier
celui-ci. Encore une fois vous répéterai-je que l'attitude du
dernier des combattants est importante. Et tout bien analysé,
elle se résume en ceci : une acceptation sereine de la souffrance et de la mort pour le Christ. Tout est là, tout l'héroïsme,
toute la sainteté, toute la grandeur. Et si peu de chose est
nécessaire pour réaliser ces miracles : que l'intention soit
pure ; cela suffit.

Il n'est pas difficile de se garder dans le cœur un petit coin
pour Jésus tout seul. Jésus ne demande pas que nous chassions
de ce cœur ni le père, ni la mère, ni l'épouse, ni l'enfant. Il
désire simplement que nous ne les aimions qu'après Lui et
d'après Lui. Il demande au soldat de remettre les êtres chers
entre Ses mains fidèles, parce que la besogne de mourir pour
un idéal est une besogne ardue et qui ne souffre pas de distraction.

Une belle mort est l'aboutissement splendide en vue duquel
on devrait vivre. C'est le fleuron terminal de la couronne de
douleurs. Quand le soldat la sent venir, lente ou soudaine, à

l'ambulance ou à la bataille, qu'il garde encore le contrôle de
soi, parce qu'il lui reste encore un effort à donner. A la seconde suprême, qu'il rassemble toutes les énergies défaillantes
de son corps et de son cœur, et qu'il lance vers le Père le dernier cri d'appel. Le vœu final d'un mourant doit jaillir comme
la fleur unique et précieuse des fatigues innombrables du
passé. Et lorsque le cœur courageux s'arrête enfin de battre,
lorsque son dernier battement a été une explosion de foi quand
même et d'amour, l'esprit qui s'envole monte jusqu'aux pieds
du Maître déposer son vœu définitif; et le Maître alors renvoie
vers les frères d'armes demeurés sur la terre ces légions invisibles sans lesquelles fusils, canons et forts ne servent jamais
de rien.

Souvenez-vous de ces choses; rappelez-les aux autres autour de vous; souvenez-vous que l'impossible est le domaine
de notre Maître, que l'incroyable seul est vrai, et que les réalités divines dépassent infiniment nos imaginations les plus
vertigineuses.

Les morts jamais ne sont à plaindre : ils vont au repos;
mais entre tous, les morts de la bataille sont à envier : ils vont
au triomphe. L'inquiétude est seulement pour ce côté-ci du
Voile. De l'autre côté, c'est la certitude. Là-haut, les esprits des
soldats continuent la lutte; mais, défenseurs d'une cause juste,
c'en est fini pour eux de ces batailles indécises, entremêlées
d'hésitations, d'espoirs, de reculs, d'élans, coupées de cris de
détresse, aggravées du regret des êtres chéris qu'on sait anxieux
au loin. Non ! c'est une lutte qu'illumine le soleil évident de la
victoire, c'est une lutte dans les claires campagnes que rafraî-
chissent les larges souffles de l'Esprit, c'est une lutte aux côtés
de Présences radieuses : l'Ange de la Patrie, l'Archange de la
race et les nobles ancêtres, ceux qui, autrefois, et jusqu'à tout
près de nous surent vivre et mourir pour la terre du Christ,
pour la France. C'est une lutte enfin, sans râles d'agonie, sans
rictus de haine et sur les remous grandioses de laquelle plane
la douceur indicible de la perpétuelle Intercédante, Mère de
notre Maître.

Ah! ils sont heureux nos morts! Qu'ils sont heureux! Ils voient la face des choses et non plus seulement leur envers. Finis les doutes, les remords et les hontes. Ils n'ont plus à se demander : Est-ce que je travaille suffisamment? Ai-je bien fait ce qu'il fallait, tout ce qu'il fallait? Le Juste les a reçus au sortir des sombres portes. Chacun d'eux L'a vu comme son propre idéal, debout, vivant, en personne. Chacun a pu mesurer ses propres imperfections sur ce modèle parfait, à la fois unique et divers. Ce n'est pas le Juge qui prononce le verdict : C'est le comparant lui-même, c'est la voix de la conscience qui s'élève seule — enfin — dans l'être. L'esprit du mort va de son propre mouvement à la place qu'il a méritée. Il a éprouvé la Miséricorde, il sait mieux que le Père est bon; par gratitude il recherchera de plus généreux travaux. Il comprend que tout est bien, et il gardera dans les luttes futures la sérénité intacte de sa confiance.

Ne pleurons pas nos morts. Nous qui les avons vus partir, et qui restons, c'est nous qui sommes à plaindre. Ce n'est pas la mort qui est terrible, c'est le spectacle de la mort. Quand l'homme de bien agonise, c'est le corps seul qui souffre, mais les assistants croient que c'est la personne psychique tout entière. Si le corps est dans la joie, c'est que l'esprit est dans la douleur; mais si le corps est à la torture, l'esprit s'épanouit dans cette allégresse ineffable que rayonne autour de soi le Martyr surnaturel, notre Jésus.

Et puis personne ne meurt seul. La solitude n'est qu'une apparence. De l'homme qui recherche la société des hommes, les invisibles s'enfuient. Mais qui ne va vers les autres que pour donner, bien qu'il reste souvent solitaire, les anges se pressent autour de son esprit. Toutefois il faut choisir ses hôtes invisibles, il faut les choisir les plus proches de Dieu ; et pour cela, c'est Dieu qu'il faut chercher, non pas aucun des dieux de la Nature ou de la Science.

Cette recherche là, elle se nomme l'action. Le soldat qui meurt pour sa patrie réalise un des gestes les plus purs qui soient. Autour de son pauvre corps agonisant se pressent donc les anges de Dieu, les vrais anges, ceux qui voient la face du Père, les anges de l'Innocence et de l'Amour. Il n'importe pas beaucoup qu'un aumônier soit là ; cela importe si le mourant a vécu dans la tiédeur religieuse ; il désire alors des consolations sensibles. Mais ce serait avoir de la bonté divine une idée bien fausse que de l'imaginer dépendante de telle présence humaine, de telle parole ou de tel geste. Ce sont des hommes qui ont inventé les rites ; Dieu leur a donné leurs vertus, c'est vrai ; mais Il préfère la liberté ; Il préfère les élans spontanés. Toutefois, comme Ses créatures aiment la complication, la réglementation, les minutieuses observances, comme elles se figurent avoir besoin de toutes ces choses pour assurer leurs pas incertains, Dieu les laisse faire ; Il intervient même pour améliorer autant que possible ces inventions. Mais tout cela ne sert qu'à apprendre le chemin de la Liberté, le chemin de l'Amour.

Plus une mort est belle, plus elle ressemble au martyre, plus elle se déroule avec un concours nombreux de spectateurs sympathiques et vénérants. Il n'y a pas que les anges autour du moribond ; il y a toutes sortes de présences : les esprits de tous les êtres qu'il a connus ; ceux de la maison familiale, ceux des animaux et des fleurs, des bois et des collines sur lesquels autrefois cet homme reposait des regards amicaux ; il y a les ancêtres, graves et bienheureux ; il y a même des esprits dont le corps vit matériellement bien loin du champ de bataille. Car pour les esprits il n'y a point d'autres distances que les distances morales. Vous tous qui avez, sur la ligne de feu, quelqu'un vers lequel s'élancent les inquiétudes de votre tendresse, ne craignez point pour lui l'isolement : Si vous l'aimez comme il faut aimer, votre esprit est avec son esprit. Votre cerveau ne le sait peut-être pas : la télépathie est une question de nerfs ; mais votre cœur le sait bien, lui qu'illuminent ou qu'assombrissent des joies et des tristesses, sans cause raisonnable ; lui qui connaît la nouvelle grave bien avant que le télégraphe ne l'apporte.

Et comme l'intimité, la continuité de cette conversation mystérieuse avec nos absents dépendent du niveau de notre vie spirituelle, vous comprendrez pourquoi je vous recommande encore à ce sujet l'union la plus étroite avec le Maître de l'Esprit. Quand le cœur est pur, tout autour de soi devient translucide.

* *

Le soldat qui meurt au feu n'entre point de suite, je l'ai déjà dit, dans le repos : son corps, oui ; mais son esprit continue à se battre, presque toujours, parce que le corps n'accomplit rien de son propre mouvement. Les gardiens de la patrie sont là ; ils accueillent cet esprit, ils lui font place, ils l'enrôlent, et la lutte ne cesse pas. Mais c'est une autre lutte, en présence des Chefs spirituels ; la dévotion populaire connaît ces guides et s'adresse à eux avec une confiance très souvent justifiée. Elle leur donne des noms, bien que ces êtres supérieurs préfèrent rester inconnus ; ils craignent avec juste raison qu'on les invoque directement ; cette idolâtrie altère la transmission de leur influence invisible, et en complique singulièrement les suites dans l'avenir. L'Église catholique recommande bien de ne prendre ces saints que comme intercesseurs ; mais combien cette recommandation est-elle négligée ! Cependant jamais une prière ne parvient mieux, à Jeanne d'Arc, à sainte Philomène, à n'importe quel saint, que lorsque elle est adressée à leur Seigneur à tous, au Christ. Seule, la Vierge fait exception à cette règle : c'est la seule créature qu'on puisse prier directement.

Ce que l'Église nomme la communion des saints est un organisme collectif, une espèce d'état social, dont chaque membre doit obéir à des lois, comme responsable d'une fonction spéciale, à lui confiée par le Christ. Nos demandes, toujours très particulières, mettent souvent ces ministres spirituels dans des situations compliquées ; leur travail en éprouve du retard, et l'œuvre de la Lumière en est entravée.

Ainsi, ayons quelques scrupules dans nos prières, et essayons de ne les formuler qu'après avoir dit en nous-même du plus profond du cœur : « Que Votre volonté soit faite et non la mienne ».

Ces restrictions nécessaires augmentent la force de la prière. La prière, la plus puissante de toutes les énergies psychiques, a besoin d'obstacle, de compression, pour s'élancer avec plus de vigueur et de certitude. Il faut que tous le sachent, ceux qui attendent comme ceux qui combattent, ceux qui languissent d'inquiétude, comme ceux dont le sang teint goutte à goutte les fleurs printanières au rebord de quelque fossé : l'élan de nos esprits peut aider à la victoire encore plus que l'élan de nos corps. Pensons cela fortement. Que le triomphe devienne notre idée fixe ; dirigeons vers lui tous nos actes, toutes nos intentions. Appelons-le, évoquons-le par une prière ininterrompue. Bien des soldats déjà savent prier pendant les longues marches, pendant les attentes, pendant les gardes, pendant les heures sinistres où, écroulé sur le sol, on espère la venue des brancardiers. La prière que vivifie la souffrance, perce à travers tout jusqu'aux pieds de l'Ami.

Cet effort du mystique soldat pour ramener vers le Christ des actes en apparence aussi contraires à la douceur évangélique ne peut être conçu, puis exécuté, que si le Christ prend au préalable des dispositions à cet effet. Le zèle du disciple, quelque spontané qu'il soit, est prévu, et le Maître prépare à l'avance les points où ce zèle doit aboutir. Voici, entre autres, une de ces préparations.

Si l'on pouvait passer en revue les différentes formations militaires, les compagnies, les batteries, les équipes, les ateliers, les parcs, on verrait qu'elles comptent presque toutes un homme au moins disciple vrai du Christ, et que ce serviteur de la Lumière est presque toujours un simple soldat. Ainsi la Providence se réserve en tout organisme une cellule par l'intermédiaire de laquelle puisse passer l'influx de l'Esprit.

Ce disciple, dont rien ne trahit à l'extérieur la dignité, qui quelquefois même ignore l'élection dont il est l'objet, a été choisi expressément et pour un but précis. Sa conscience est assez pure pour entendre la voix du Maître. Son cœur est passé assez souvent par le feu de l'épreuve pour pouvoir contenir un peu de l'eau de la vie éternelle. Sa personne commence à incarner l'Esprit, Esprit de sacrifice, de force opérante et de sagesse pratique. Sa tenue, sa conduite, ses paroles, ses actes surtout servent de guides à ses camarades. Ceux-ci le reconnaissent tacitement pour leur supérieur ; et leur intuition qu'affine la fréquence du danger, les attire vers lui et les porte à le prendre comme modèle. J'ai vu bien des exemples de l'ascendant qu'un simple soldat parvient à prendre sur ceux qui l'entourent, de l'espèce d'immunité dont bénéficient ceux qui se tiennent avec lui, des circonstances étonnantes de préservation dont une escouade ou un régiment profitent, parce que, dans leur effectif, se trouve un homme directement relié au Ciel. Prions Dieu qu'Il veuille bien étendre cette bénédiction aux groupes dirigeants des corps militaires.

Ces amis du Christ, peut-être la voix publique, si par impossible elle les reconnaissait, les saluerait-elle du titre de saints. Ne croyez pas cependant que ce sont des êtres extraordinaires. Ils n'ont de plus que les autres, à mon avis, que leur confiance en Dieu ; ils ne possèdent pas encore cette foi dont la moindre parcelle réellement transporterait des montagnes. Ils ne possèdent que de la confiance ; ils en sont au premier pas sur la longue route qui conduit aux vrais jardins de la vraie Foi. Et cependant leur avance sur la masse est assez grande, pour qu'à chacune de leurs prières presque, le Ciel réponde par un miracle. Que cette inlassable bonté divine nous amène enfin à la confiance et à la conduite propre a nous en assurer les bienfaits.

.·.

Tels sont les principaux traits de l'attitude mystique du combattant.

La tâche du personnel sanitaire d'une armée est plus obscure et par cela même plus difficile. Le pourcentage des héros y est sans doute moindre que dans le service armé. Mais à quoi bon dire ce que l'on ne fait pas ? Il vaut mieux dire ce qu'il faudrait que l'on fasse : car on rencontre des infirmiers et des brancardiers qui dépassent leurs devoirs réglementaires, de leur propre initiative.

Là aussi le devoir, hélas, peut être diversement compris. Qu'un major, raisonnable, humain, défende à ses brancardiers de partir à la recherche des blessés avant que le feu ne se ralentisse, on ne peut pas blâmer cette prudence. Mais qu'un de ces brancardiers, revêtu de la foi vivante en Jésus Semeur de miracles, aille quand même sous la mitraille espérant sauver une existence un peu plus tôt ; — qu'un autre major, enflammé du même zèle, parte seul, au milieu de la fusillade, après avoir mis son équipe à l'abri, — ne sentez-vous pas que ces téméraires sont dans la vraie vérité de Dieu et que, fussent-ils des matérialistes endurcis, le Christ les aime et les couvrira de Sa protection. Des anecdotes ici me reviennent à la mémoire. Mais elles sont à double tranchant et j'ai promis de ne pas faire de critique. Permettez-moi seulement de vous redire que vous, spiritualistes, parce que vous faites profession de croire au Père, de croire à la vie future, de croire au miracle, vous devez à vos croyances d'accomplir doublement votre devoir.

Quant aux blessés, je n'en ai vu que d'admirables ; tous stoïques, plus forts que toute torture ; beaucoup, plus forts même que la douleur morale. C'est dans les hôpitaux que certains civils devraient aller recevoir des leçons de patience, d'endurance, de silence. Voilà où nous autres, à qui la ligne de feu est interdite, devrions prendre contact avec les sources profondes du génie français, avec ces enfants du peuple, ces fils de paysans et d'ouvriers, qui vibrent comme des harpes à tous les souffles de l'Honneur et de l'Idéal.

Un matin, j'étais dans une salle de blessés, à l'heure des pansements Il y avait là un réserviste de l'infanterie de marine, — un zingueur de Plaisance. — Il se tenait jour et nuit couché sur le ventre, parce qu'un éclat d'obus lui avait creusé dans les hanches un trou à y mettre les deux poings. On venait d'arroser cela de teinture d'iode, d'y enfouir des mètres de mèche, enfin de le martyriser en détail. Et il soufflait maintenant, en dégustant un caramel. C'était le tour du voisin, un tout jeune ; de l'avant-bras de celui-là, le major extrayait diverses choses, des morceaux de capote, un peu de sable, des petits os, un peu de fer ; le nettoyage était long, bien que le major et les infirmières se dépêchassent ; le petit souffrait ferme ; des gouttes de sueur perlaient sur son front, les larmes venaient, et le cri pathétique qui jaillit de toutes les lèvres aux minutes dures : Maman ! Mais le vieux marsouin, se soulevant sur les bras, s'adressa au petit lignard, d'un ton où la pitié essayait de se cacher sous la gouaillerie faubourienne, et lui dit : « Eh bien, quoi, mon vieux ! Tiens-toi ! La France te regarde ! » Et le jeune blessé se raidit et se composa instantanément un visage de bronze.

Le zingueur avait raison. La France les regarde en effet, tous ces héros, tous ces martyrs. Et ils le savent que ce regard est posé sur eux, qu'il les suit, tous et partout ; qu'il les conforte ; qu'il les transporte par delà eux-mêmes. Avec quelle joie n'ai-je pas vu depuis la première rafale de cette terrible tourmente, la plupart des Français ouvrir les yeux sur les Réalités invisibles, et les saisir comme pour toujours. Le calme trompeur d'une longue paix, les chatoiements de la civilisation la plus affinée, les apparitions de l'art le plus subtil, les inventions de la science la plus merveilleuse avaient plongé ce sens de l'Invisible en léthargie. Il palpite maintenant, il vit.

Mais cela ne me satisfait pas encore. Il y a des pièges dans l'Au Delà, et des régions sinistres. C'est d'un autre sens que je voudrais vous voir tous munis : le sens des Réalités éternelles. Celui-là ne trompe pas, parce qu'il enfonce ses racines dans le roc du Vrai, parce que c'est le divin Semeur qui en distribue les graines, parce qu'il ne s'épanouit qu'aux souffles de l'Esprit pur.

Voilà pourquoi, au lieu de mille et mille choses curieuses et rares, je vous parle seulement de Celui qui apparut à la courtisane repentie sous la figure du Jardinier. C'est pour cela, qu'après avoir indiqué aux soldats le Christ Porteur du glaive, je voudrais montrer aux blessés les blessures du Martyr innocent, et je voudrais montrer aux prisonniers les cachots, plus nombreux qu'on ne croit, où Jésus a langui en silence.

L'hôpital et la prison ne permettent plus d'agir, seulement d'attendre et de subir. Mais tout ce qu'on y souffre donne aux prières l'énergie qu'il faut pour les rendre effectives.

Dites cela à vos malades, à vos blessés, à vos douloureux exilés. Qu'ils prient pendant les longues nuits insomnieuses,

pendant les longues journées immobiles dans les salles blan-
ches, pendant les longues heures au soleil sur les bancs des
jardins de convalescence. Ces élans, ces offrandes perpétuelles,
ces soupirs fervents serviront à la victoire et plus qu'on ne le
suppose.

Mais c'est surtout la prière du prisonnier que les anges
accueillent et vers laquelle Jésus se penche. Ces camps, là-bas,
sous des ciels sinistres, dans le froid, dans la boue, dans la
vermine, peuplés d'hommes affamés, brutalisés, moralement
torturés, ne les apercevez-vous pas comme des enfers?

Et si, du fond de ces ténèbres douloureuses, une voix monte
quand même vers le Maître de la Victoire, vers le Seigneur du
Pardon, vers le Dieu de la France enfin, avec quelle force cette
imploration si pure n'atteindra-t-elle pas le Ciel? Je n'ai, jusqu'à présent, que deux de mes Amis qui soient prisonniers; j'en
avais un troisième : on me l'a tué. Mais je voudrais en connaître
beaucoup pour pouvoir leur dire à tous qu'ils redressent la
tête quand même; qu'ils aient confiance quand même; qu'ils
soient humains et courageux quand même; qu'ils emportent
quand même l'admiration et le respect : qu'on les reconnaisse
pour des Français.

Car rien de ce qu'ils supportent n'est perdu pour la France.
Et ils ont avec eux ce Christ, Alchimiste selon l'Esprit
qui transmuera en étoiles triomphantes leurs larmes de vaincus
accidentels. Dites-leur ces choses, à vos prisonniers; vous
sentez qu'elles sont importantes et vraies; mais le chagrin peut
vous les avoir fait perdre de vue. Qu'ils prient obstinément, à
toute force; qu'ils s'offrent pour la France inlassablement; ils
peuvent beaucoup pour elle, quoique chargés de chaînes, —
parce que chargés de chaînes. Regardez ce Jésus; Lui aussi
a été chargé de chaînes et combien de fois plus souvent
que l'Évangile ne le relate. Regardez ensuite Sa Victoire sur
le monde. Comparez la souffrance, brève en somme, et l'im-
mensité du résultat. Croyez donc alors d'une foi inébranlable
à la victoire de notre France criminellement assaillie. Et que
toutes vos actions, tous vos sentiments, toutes vos paroles ne
soient que pour allumer chez le plus grand nombre la même
certitude.

Ainsi, confondus dans le même unique désir, tous ensemble,

depuis l'éclaireur le plus aventuré jusqu'au vieil ancêtre dans la chaumière lointaine, depuis ceux qui sont au faîte de l'édifice social jusqu'aux citoyens obscurs qui en constituent les fondations, nous transformerons l'atmosphère des champs de bataille et, avec l'aide du Christ, nous ferons se lever plus tôt le soleil de la victoire la plus éclatante.

LE DEVOIR MYSTIQUE DES CIVILS

Le soldat est soutenu par le génie de la bataille, génie vigoureux et actif, et par ces puissants toniques : le danger, la mort proche, l'effort nécessaire, inévitable. Ces durs compagnons l'obligent à rentrer en lui-même, à se regarder, à regarder les choses définitivement, à fond.

Le civil vit dans une atmosphère plus molle ; les nécessités immédiates ne lui pèsent pas sur les épaules ; il a contre lui le goût tenace du moindre effort, la sécurité physique, l'inaction, l'incertitude. S'il veut agir, ses points d'appui sont mous. Et cependant, il est lui-même le mur sur lequel s'arc-boute la tension du soldat. Il est la réserve de la défense nationale ; il est le trésor de l'avenir national.

Il peut aider l'armée, matériellement et moralement. C'est de sa collaboration morale que je veux vous entretenir aujourd'hui.

Elle demande une ferveur patriotique permanente ; et puis une maîtrise de soi, pour réaliser cette ferveur ; il faut, en d'autres termes, que nous possédions de l'énergie, de la charité, du sang-froid. Nous avons tous quelques brides de ces vertus : comment les augmenter, voilà ce qu'il faut savoir.

***

Travailler pour notre pays, c'est travailler pour le Ciel. Or, il est écrit : « Le royaume des Cieux est pris par violence, et les violents s'en emparent. » Il faudrait donc que nous déployions de l'énergie dans les sentiments et dans les actes. Il faudrait guérir l'apathie, la routine et l'anémie de la volonté. Ce n'est pas difficile ; il ne s'agit que de vouloir. Procédé commode, direz-vous, que de supposer le problème résolu. C'est le vrai procédé ; voici pourquoi.

Toute force se compose, en proportions variables, de matière et d'esprit. Dans les forces morales, la proportion d'esprit est la plus grande ; elles ont donc, par elles-mêmes, une vie plus intense, plus de ressort, plus de spontanéité que n'importe quelles autres. En outre, elles n'essaient leurs ailes dans le cœur de l'homme que parce qu'elles se sont d'abord magnifiquement envolées de ce cœur de Dieu qui est le Christ Jésus. Que l'un de nous, dès lors, sachant qu'il manque de courage, accomplisse malgré cela un tout petit geste courageux, il aura donné l'impulsion de croître à la semence de courage que le Père a certainement déposée dans son cœur ; et le Jardinier surnaturel la cultivera avec sollicitude.

Ici est le point important, le point où la volonté voit s'ouvrir devant elle deux voies, aboutissant aux antipodes. Qu'elle reste solitaire, elle ira vers l'orgueil et vers les Ténèbres. Qu'elle accepte la collaboration de Dieu, qu'elle la réclame : elle ira vers la Lumière. Que l'homme donne tout son effort ; puis, qu'il demande au Ciel le parachèvement de son œuvre ; telle est la méthode de la perfection.

Toutefois, nous autres Français, nous ne savons pas agir froidement ; nous abandonnons un travail qui ne nous intéresse pas ; nous refusons une besogne si nous n'en apercevons pas la beauté. Nous devrions, en de tels cas, recourir aux forces morales, aux convictions, aux sentiments.

Les forces morales sont les plus hautes et les plus pures ; innombrables, elles proviennent toutes d'une source unique, elles retournent toutes à la même source éternelle. Cette source se nomme l'Amour.

*_*_

L'Amour est le transmutateur, le transfigurateur universel. Il magnifie les moindres gestes et revêt de splendeur les objets les plus vulgaires sur lesquels il descend. Il est toujours prêt, il ignore la fatigue, il devine les désirs, les exécute et y ajoute toujours quelque chose de plus. Il verse des mesures débordantes et surabondantes. Il ne s'impressionne pas, ni ne se décourage. Il ne se rebute jamais, ni ne critique. Il voit la Vérité, il la saisit et la répand à pleines mains autour de soi. Il recrée les êtres en lesquels il habite, et leur infuse sa jeunesse perpétuelle. Il donne en premier lieu ce qui lui appartient, puis ensuite jusqu'au plus intime de lui-même ; il célèbre un sacrifice continu où il est à la fois le prêtre et la victime. Et sa vertu divine non seulement réunit et associe les créatures les plus étrangères, mais encore les soulève chacune au-dessus de toute hauteur mesurable, les transporte au delà de toute distance, les enlève de toute durée, pour les confondre corps et âmes en l'Être inaccessible qui, habitant l'Infini, se laisse toutefois saisir par quiconque veut bien se charger de Son joug.

Encore faut-il pouvoir aimer. Et notre pauvre cœur est si dur, si froid : comme la pierre aux entrailles de la montagne. C'est pour nous, la foule, que Jésus a dit : « Comme vous voulez que les hommes agissent avec vous, agissez vous-même pareillement avec eux. » Ce n'est que pour l'élite qu'Il a ajouté : « Comme je vous ai aimés, aimez-vous aussi les uns les autres. » En attendant que l'Amour s'éveille en nos cœurs, Il nous demande d'en faire les gestes. Pour passer du simulacre à la réalité, Il nous a ouvert une voie : C'est la souffrance.

Allons à cette école ; apprenons les leçons que le Destin nous indique ; imposons-nous des leçons supplémentaires pour regagner le temps perdu. Que jamais une plainte ne s'échappe de nos lèvres ; que la résignation avec la patience habitent nos cœurs. Voilà déjà de rudes efforts. Faisons davantage. Demandons chaque matin au Ciel qu'Il nous envoie une épreuve, qu'Il rende la fatigue du jour qui commence équivalente à celle d'un soldat, qu'Il mette sur nos épaules le fardeau spirituel de l'un de nos défenseurs.

Il est possible, d'ailleurs, que ces propositions vous soient inutiles ; car plusieurs ont eu d'eux-mêmes ces idées-là. Retenez seulement cette nuance : demandez à Dieu le travail supplémentaire, plutôt que de le choisir de votre propre chef. Et ne craignez pas la fatigue. Les forces morales s'entraînent, comme la force musculaire ; avec cet avantage en plus, qu'elles disposent de réserves inépuisables, et que leur usure est nulle, lorsqu'elles jaillissent d'une racine pure.

*
* *

Le Ciel sait que nous sommes chargés des chaînes de la matière. Ce n'est pas le grand nombre d'œuvres qu'Il nous demande ; c'est leur perfection approximative ; ce n'est pas de la hâte qu'Il attend de nous, c'est de l'intensité.

Agir intensément, ce n'est pas agir avec brusquerie. C'est mettre dans l'œuvre tout le soin, toute l'adresse, toute l'intelligence, tout l'amour dont on est susceptible. C'est appeler sur le plus petit acte toutes les bénédictions célestes. C'est ne rien entreprendre que pour Dieu, par le Christ. C'est ne rien désirer que l'Ordre divin, puisque, pour nous, Français, l'ordre providentiel c'est l'ordre patriotique. C'est se vouer, une fois pour toutes, à la Patrie : et ne plus vivre qu'en vue de la Patrie.

L'intensité de l'acte s'obtient par la concentration des forces, — une concentration vers le dedans, vers le haut ; un rassemblement vers ce point intérieur où se réunissent le zénith, le nadir et les bornes cardinales de la Nature ; où brûle la flamme primitive qui donne la vie au monde : l'Amour. En purifiant nos mobiles à cette flamme, nous pourrons en emporter une étincelle ; grâce à quoi, tous nos actes ensuite seront purs ; ils vibreront de l'énergie la plus vivante ; nous aurons atteint l'intensité.

Ne cherchons donc que d'obéir à Dieu; ramenons à Dieu nos plaisirs, nos douleurs, nos affections et nos répugnances; déblayons les égoïsmes; et que le Christ devienne le principe, le but et le moyen de toutes nos œuvres. Alors nous serons des alchimistes selon l'Esprit, à l'exemple de ce Christ. Alors tout ce que nous accomplirons, — avec des lacunes sans doute, avec des mains malhabiles, certes, — mais d'un cœur tout dévoré du zèle de l'Amour : le Christ prendra tout cela, le parfera, le créera à nouveau, lui donnera la splendeur de sa Lumière et la fécondité de la Vie éternelle.

C'est là le plus important de tous nos efforts intérieurs. Sans lui, les plus beaux héroïsmes restent stériles; avec lui, les moindres peines portent des fruits nombreux. Nous en regarderons tout à l'heure quelques exemples.

*
* *

Un être qui travaille ainsi de tout son cœur et de tout son amour, ne devrait plus pouvoir souffrir de l'inquiétude. Mais une telle entreprise comporte des luttes et des déchirements; c'est alors qu'il faut garder son calme. Si l'on est d'ordinaire fébrile avant d'agir; si, après l'action, on ne se sent jamais satisfait; si l'échec irrite: tout cela, ce sont des fuites de force qu'il faut arrêter.

Ne veuillez pas aller plus vite que Dieu; quand vous avez loyalement fait tout votre possible, remettez-vous entre les mains du Père : cet abandon donne la paix. Restez attentifs à saisir l'indication divine; elle se découvre dans les circonstances, dans les idées intuitives, dans les conseils reçus d'autrui; aucune conscience droite n'ignore son devoir.

Si le trouble vient de l'excès de souffrances, cela prouve que l'on n'a pas pris la bonne attitude pour souffrir. Supporter l'épreuve est un art; cela consiste dans une répartition sagace des forces psychiques; le débardeur sait comment équilibrer une balle sur ses épaules; il la porte avec aisance, tandis qu'elle écraserait un homme plus fort, mais inexpérimenté. Les charges spirituelles pèsent moins sur les cœurs humbles.

Quand l'amour-propre, la vanité, l'orgueil, nous raidissent, l'épreuve devient blessante. C'est alors qu'il faut prendre en exemple Celui qui a porté sur Ses épaules le fardeau du monde.

Si le trouble vient de cette maladie de la conscience, appelée le scrupule, il faut refréner notre hâte, et maintenir notre zèle dans les limites de la loi divine, des règlements humains, de la soumission aux supérieurs.

Tout ce que je viens de dire, se résume en quelques mots : Vivre avec force, avec simplicité, avec sérénité. Nous serons certains de n'omettre alors aucun de nos devoirs. Comme, en définitive, la loi ne s'inscrit jamais mieux dans notre cerveau que lorsqu'elle vit d'abord dans notre cœur, je vous recommande par-dessus tout la contemplation de Jésus : la contemplation la plus intense, la plus passionnée, aussi fréquente que vos travaux vous le permettent. Jetez sur Lui de ces regards brûlants que les artistes attachent sur les chefs-d'œuvre. Scrutez cette figure, si grande et si noble ; plongez vos yeux dans ces yeux insondables, qui percent l'infiniment grand et atteignent l'infiniment petit. Voyez ces gestes forts, entendez ces paroles simples, modelez votre cœur sur le calme auguste de ce visage. Etudiez cette majestueuse allure, sous laquelle se cache une immense activité ; imitez cette affectueuse bonhomie, dont s'enveloppe la force toute-puissante de Dieu ; ce Jésus est absolument simple, parce qu'il est infiniment grand ; soyez simples, mais parce que vous vous sentez tout petits. Pas d'effervescences extérieures. Brûlez : mais par dedans et en silence.

Celui qui n'est fort que de la force arrachée à des victimes innocentes reste inquiet ; il ajoute à sa force la ruse, et ne s'en trouve pas encore rassuré. Mais vous autres, si vous avez déposé vos faiblesses aux pieds de l'Omnipotent ; si vous avez jeté vos idoles au brasier de l'Unique ; si vous avez remis vos angoisses aux mains bénies du Permanent ; à quelles tempêtes ne résisterez-vous pas, et quels obstacles ne renverserez-vous pas ?

Donnons-nous donc de toutes nos forces, au devoir de l'heure présente ; de telle sorte, que l'avenir en soit harmonisé ;

que l'heure du triomphe sonne un peu plus vite, au cadran de l'Éternité.

*
*

Voilà les principes mystiques de la conduite civile. Essayons d'en déduire quelques applications de détail.

Il y a un premier devoir qui s'impose à tous les civils ; c'est un devoir mutuel, mais c'est d'abord un devoir des non-combattants envers les combattants, de ceux que n'a pas atteint le cataclysme envers ceux qu'il a touchés. C'est d'être optimistes ; optimistes quand même, malgré les mauvaises nouvelles, malgré les fausses nouvelles, malgré nos propres tendances. Combien de fois vous ai-je dit le terrible pouvoir de la parole ; et surtout maintenant, où le malheur multiplie ses coups sur les familles.

Il faut donner de l'espoir, toujours, à toute force, contre l'évidence même. Il faut prodiguer l'enthousiasme aux soldats ; il faut illuminer les rêveries tristes des malades ; il faut montrer le Ciel aux deuils douloureux ; il faut parler des moissons futures aux réfugiés. Il faut dire en toute occasion comme cette noble femme qui, venant de perdre glorieusement un mari et un fils, répondait aux condoléances avec un calme courage : « Je ne me plains pas : il me reste deux fils, et le plus jeune ne va partir que dans deux mois. »

Nous manquons d'énergie, nous manquons d'enthousiasme, toutes les fois que nos désirs vont vers l'illusoire. L'ordre de Dieu est qu'on espère. Le découragement est un faux-pas ; prenez garde qu'il devienne une chûte. L'espoir est un levain d'activité. Le plus faible peut quelque chose ; ce quelque chose n'est rien puisque c'est déjà un don ; mais c'est immense à cause de l'Amour du Père qui s'y effuse. Déplaçons, une fois pour toutes, notre point de vue. De l'autre côté du Voile se tient l'Ange du Seigneur perpétuellement occupé de nous.

La Foi appartient au Père ; la Charité, à l'Esprit. Quant au Fils, qui demandait la Foi et commandait la Charité, Son domaine, c'est l'Espérance. Relisez Son histoire. Qu'y a-t-il dans le sous-œuvre de Sa mission ? Pourquoi est-Il venu ? Pourquoi a-t-Il parlé, guéri, souffert ? Quelle est la leçon essentielle qu'Il nous répète inlassablement avec la force la plus persuasive, avec la force de l'exemple? Quel philtre nous verse à flots Sa compatissante tendresse? C'est l'Espérance.

Le Bien-Aimé arrache nos regards de dessus les marécages et les boues; Il les tire en haut, vers le Soleil de Justice, vers les étoiles rafraîchissantes, vers les anges blancs et beaux. Levons les yeux vers Lui; Il nous invite, Il nous pousse, Il nous rassemble sur cette route si dure le long de laquelle les souffrances sont en embuscade; mais c'est Lui d'abord qu'elles attaquent et qu'elles blessent. Il sait depuis le commencement vers quels martyres Il va; Il travaille tout de même. Il prévoit nos ingratitudes, nos lâchetés, nos gaspillages de ce qu'Il a pris tant de peine à nous apporter : quand même, Sa sollicitude reste entière, minutieuse, parfaite.

Espérons donc, malgré tout. Si même on est convaincu de l'inutilité ou de l'échec de tel effort, il faut le donner de tout cœur. Tout est utile. Ne nous contentons jamais d'à peu près. Toute négligence produit un recul, et prépare une défaite probable pour l'avenir. La vie est à monter, et non pas à descendre. Qu'un désir constant du mieux nous exalte ! Tant d'existences arrivent à la mort sans fleurs et sans fruits : que diriez-vous au Jardinier, s'il vous en advenait de même?

Prenons garde à nos discours, à l'atelier, dans la boutique, dans un salon; une plainte qui nous échappe va peut-être enlever la semaine suivante, à quelque soldat inconnu, l'élan dont il aurait besoin.

Car le pays tout entier forme un corps unique, dont chaque cellule est étroitement solidaire de chacune des autres. Cette cohésion s'aperçoit déjà dans l'ordre économique, dans l'ordre politique; mais, bien plus intime encore dans l'ordre spirituel, elle en constitue le caractère distinctif. Le sentiment est la vie même de l'ordre spirituel : là, aucun groupe d'entités ne peuvent subsister si elles ne sont en parfaite harmonie. Chassons donc, n'est-ce pas, de nos cœurs, toute impression décourageante ou même dubitative, pour hâter la venue du Génie de la Victoire.

*_**

Ensuite, ne vous occupez que de ce qui appartient à votre fonction. Notifiez à qui de droit vos compétences et vos capa-

cités ; même si, à votre avis, vous êtes mal classé, demandez
la place pour laquelle vous vous croyez bon ; mais, en attendant, accomplissez la tâche qu'on vous a confiée. Prenez garde
à cette tendance invincible de l'humaine nature : enjamber le
devoir actuel afin d'en chercher un autre qu'on juge plus utile ;
ceci est presque toujours une illusion. Pour l'homme qui s'est
donné au Ciel, du fond du cœur, ce qui se présente à faire,
c'est exactement ce qu'il faut faire ; c'est cela la volonté du
Ciel ; c'est cela même que Jésus attend de vous. Haussons-nous
intérieurement ; au lieu de nous ajuster aux petitesses quotidiennes, grandissons-les à la mesure de nos cœurs qui s'efforcent vers Dieu.

Nous, les civils, ne nous relâchons jamais de la plus forte
discipline intérieure. Tout peut servir à la guerre spirituelle.
Le moindre sacrifice : d'une commodité, d'un plaisir, d'une parole, d'un peu de repos ; — le moindre effort ; un sou, une
démarche, un mot d'espoir ; tout cela ce sont des forces que
notre intention patriotique enverra vers l'Ange et que celui-ci
distribuera sur notre armée. Combien peu de chose faut-il
pour que ce bras qui tient un fusil bouge d'une fraction de
millimètre ? Et c'est alors un ennemi de moins, ou un Français
de plus. Et une panique ? Et un plan mauvais ou bon dans la
tête d'un général ? Et un ordre bien ou mal transmis ? Et une
panne dans un moteur ? Mille riens qui engendrent d'immenses
effets. Pensons à tout cela. Ne négligeons aucun détail. Que
savons-nous des dynamismes spirituels ? Nous savons qu'ils
existent, qu'ils sont formidables ; — et que, par Jésus, nous
pouvons peut-être les mettre en branle.

Vous parlerai-je de la conduite à tenir envers les blessés ?

L'hôpital : quel magnifique théâtre pour le disciple du
Christ ; et pour les femmes admises à l'honneur de soigner nos
soldats, quelles occasions nombreuses de se vaincre ! Il y a des
héroïnes parmi les infirmières ; plusieurs déjà ont été dési-
gnées à l'admiration publique. D'autres, restées inconnues,
ont, au regard de Dieu, accompli des gestes plus purs : ce sont
celles qui n'ont pas refusé de soigner les prosaïques malades,

celles qui ont bien voulu se charger de la cuisine, et du lavage
et du balayage ; celles qui ont encaissé en silence les tracasse-
ries inévitables là où beaucoup d'êtres humains sont réunis ;
celles qui savent ne pas dormir, et ne pas manger, quand un
cas grave réclame leur présence ; celles qui, en un mot, savent
faire les petits sacrifices. De l'héroïsme ? toute âme française
est capable d'héroïsme, pour peu qu'il soit exceptionnel. Mais
le simple, vulgaire et obscur devoir : voilà qui attire l'attention
de Jésus. Voilà qui aide la Patrie, plus que tout

Nous le savons, cependant, que chacun de ces blessés,
chacun de ces malades, c'est ce Christ que nous faisons profession de servir. Comment oserait-on tutoyer un de ces martyrs, sous prétexte qu'il n'est qu'un simple soldat? Comment
oserait-on laisser paraître une répugnance devant l'horreur de
leurs plaies sacrées? Comment songerait-on à se défendre
d'une injustice ou d'une malveillance, tandis qu'un de ces
hommes a peut-être besoin d'une piqûre ou d'une potion?
L'infirmière que préoccupent uniquement les soins de ses malades, et pour laquelle rien d'autre au monde ne compte plus,
celle-là seule est digne de porter à son bras le noble insigne
christique, couleur de sang.

Les règlements interdisent aux femmes trop jeunes, à celles
chargées de famille, de soigner les contagieux. C'est juste, selon
le bon sens. Mais si une femme est frappée de cette aberration
sainte que l'Apôtre appelle : la folie de la Croix, celle-là ne
craindra pas la contagion, ni pour elle, ni pour ses enfants ;
elle sait que c'est là son simple devoir de chrétienne, bien que
le monde nomme cela de l'héroïsme; elle sait que si elle meurt
à ce poste, le Ciel est obligé de pourvoir au sort des orphelins
qu'elle laisse; elle a obéi au Christ; elle a sacrifié les siens
pour secourir des étrangers; le Christ tiendra Ses promesses.

Voilà ce que plusieurs Françaises ont réalisé; qu'y a-t-il
d'autre encore à faire ?

Voici encore des dominations à exercer sur nos douleurs.
Quand un des nôtres est mort, nous devons à nous-mêmes,
nous devons à la Patrie, nous devons à Dieu, de ne pas suc-
comber au désespoir. Nous devons à nos concitoyens l'exemple.

De plus, résistons à l'envie d'obtenir des nouvelles du défunt. C'est aux pratiques spirites que je pense ; elles sont beaucoup plus répandues que les non initiés ne peuvent le croire. Elles pourraient devenir facilement un danger pour le spirituel collectif. D'abord, le Christ a dit : Laissez les morts ensevelir leurs morts. Le spiritisme n'est pas un crime ; c'est une pépinière d'illusions et de déséquilibres ; tel quel, il reste utile à ceux qui ont besoin pour croire, d'apparences de preuves. Et puis, ces chagrins désespérés, qui exigent à toute force des manifestations sensibles, desservent ceux que l'on appelle, que l'on rappelle, aussi indiscrètement ; nos regrets les arrêtent, les empêchent de monter, les dérangent dans leurs travaux. Mais vous autres, qui savez que Dieu est sage, juste, et bon, vous devez avoir confiance pour vos morts en Sa sollicitude ; vous devez imposer silence à votre chagrin, en continuant de suivre le Christ. Fiez-vous à Lui ; Il sait combiner les itinéraires des âmes ; Il sait ménager à certains carrefours ces temps de repos où l'on se retrouve et où la douceur des revoirs emparadise les cœurs pour plusieurs siècles ensuite.

Il est naturel que nous désirions retrouver ceux que nous aimons ; mais, de même qu'ici-bas, on peut faire la route à pied, en voiture, en chemin de fer, en automobile ; plus le moyen de transport est rapide, plus il est dispendieux ; de même, dans l'Invisible, plus vite nous voulons retrouver nos morts, plus nous devons avoir de cette monnaie spirituelle qui ne se gagne que par la souffrance et le travail. Un procédé facile, comme le spiritisme, ne procure, en général que des illusions, et expose à bien des mécomptes.

Les créatures tendent à se réunir ; évidemment. Mais pour que cette union dure, elle doit s'opérer autour d'un principe ; ce doit être une organisation, et pas une simple juxtaposition. Que ce principe soit le Verbe, et l'union deviendra immuable et permanente. Au milieu de nos deuils, encore une fois, Jésus apparaît comme le Consolateur, pourvu que ce soit en Lui seul qu'on cherche la consolation.

***

L'un des grands bénéfices de cette guerre, ce sera la renaissance d'un esprit fraternel entre tous les citoyens. Par la vertu des fatigues communes et de la mort, indistinctement menaçante, des classes sociales jusqu'alors impénétrables ont fusionné. Ce que tant d'efforts philanthropiques, tant de prêches éloquents n'avaient pu obtenir, quelques semaines dans les tranchées le donnent, sans heurts, sans discours. On voit bien que Dieu a raison d'employer parfois la manière forte.

Les civils doivent appuyer ce mouvement d'unification. Il existe, pour cela, des œuvres de secours, en grand nombre, me direz-vous. Oui ; la charité collective est utile ; mais on ne doit pas oublier la charité individuelle ; car on peut, à l'offrande physique ajouter l'offrande psychique ; on le doit ; l'aumône qui ne s'accompagne pas de sympathie n'est pas complète ; elle ne vit pas.

Recherchez donc autour de vous un soldat orphelin, un de ces soldats qui ne reçoivent jamais de lettres ni de gâteries ; cherchez un captif, un réfugié, également seuls dans leur détresse. Il se peut que votre budget ne vous permette pas des munificences ; mais votre cœur sera toujours assez riche pour offrir une sympathie chaude qui détruise chez ces malheureux, l'horrible sensation de l'isolement.

Il faut penser aussi aux petits orphelins. C'est une des charges les plus délicates, mais aussi les plus riches en fruits spirituels que d'adopter des enfants. Donner aux œuvres de protection, ce n'est pas suffisant ; payer les séjours à la campagne, ou l'internat à un petit inconnu, ce n'est pas assez. Ce qu'il faut, c'est l'adoption d'orphelins ; c'est traiter l'enfant inconnu comme nos autres enfants, sans différences ; c'est lui recréer une famille. Les devoirs envers l'enfant sont, pour une nation, d'une importance capitale. Et qui refuse de les envisager se barre son propre avenir spirituel.

Enfin la Nature ne nous aide que si nous l'aidons. Elle nous a trouvé des parents, grâce auxquels notre esprit, désireux de progresser, a pu recevoir un corps pour le travail de l'existence. Le devoir réciproque est donc, qu'à notre tour nous ayons des enfants, le plus d'enfants possibles, pour fournir à beaucoup d'esprits le moyen de venir évoluer ici-bas.

Les paraboles évangéliques des serviteurs habiles qui font

fructifier les dépôts de leur maître nous enseignent ces devoirs. Comme disait un mystique du XVIIIe siècle : « Pour recevoir, il faut donner. » On n'atteint pas Dieu en s'abstrayant de la vie, mais en se plongeant dans la vie. On ne sert pas Dieu en détruisant, mais en construisant.

Si nous voulons que la France grandisse, faisons-la grande, chacun selon nos moyens. Ne détruisons pas les palais, les villes, les usines, les arts ou les sciences de l'ennemi; construisons des palais plus beaux, des villes plus saines, multiplions nos usines, perfectionnons nos sciences, épurons nos arts. Ce n'est pas la solidité de leur ciment, qui fait résistantes aux siècles les pierres d'une cathédrale, c'est l'esprit qui les pénètre.

A nous de renouveler l'esprit de toutes les choses françaises; nous le pouvons, puisque tant des nôtres versent leur sang pour cela; nous le pouvons, puisque le Maître de l'Esprit s'offre à nous aider. Telle est la leçon essentielle de cette guerre : que chacun de nous sente tomber sur sa tête l'eau régénératrice d'un baptême mystique; et que, fort de cette pureté inédite, chacun de nous recommence sa vie; ou plutôt qu'il la continue en la transfigurant.

*_**

Toutes les batailles ne se livrent pas sur le front; nos cœurs peuvent être le théâtre de luttes tragiques. Et ces combats, si cachés soient-ils, si personnels semblent-ils, si différents du drame militaire, peuvent avoir une influence sur lui. Un homme vraiment digne de ce titre, quelque obscure que soit son existence, quelque modeste que soit son rang social, exerce une action importante quoique indiscernable. En accomplissant la loi du Christ, il est plus utile à sa patrie, que tel génial concitoyen dont le cœur aime d'autres dieux que Dieu.

L'effort individuel est donc indispensable. De sa perfection, de la perfection de nos rapports avec Dieu dépend, en partie, le salut de la nation. Quel que soit le travail confié à nos mains, qu'il devienne une arme pour la victoire ! Combattons

surtout avec ce glaive dont l'Empereur du monde a glorifié la
forme par Son sacrifice : par le glaive de la Croix.

Je vous ai dit ce qu'est notre patrie dans le dessein providentiel. Au-dessus de la France physique, plane, dans la
mémoire des hommes, la France immortelle ; mais au-dessus
encore, se tient la France éternelle. Lorsque plus tard, dans
une contrée que je ne puis désigner, se réalisera sur la terre
l'image vivante du Royaume de Dieu, ce séjour de la fraternité
vraie, de la liberté la plus sainte, de l'égalité construite sur
l'harmonie, ce Ciel terrestre se nommera encore la France.

Et tous nous nous y retrouverons dans l'allégresse, puisque
nous aurons peiné ensemble dans les larmes.

Voilà donc presque terminée la série des entretiens qu'il
m'a été permis d'avoir avec vous. Il faut maintenant que j'aille
à d'autres besognes. Plusieurs fois déjà, en vous quittant, je
vous ai dit que, puisque vous étiez venus m'entendre dans
l'espoir d'une Lumière, cette Lumière continuerait, malgré
mon absence, à nous unir, à grouper nos fatigues, à centra-
liser nos succès. Aujourd'hui bien plus encore, notre Maître,
Celui qui nous guide tous et qui est en même temps l'Ami
fidèle de chacun de nous, prendra soin de cette communauté
spirituelle, de cette communion vivante.

Gravez cette vérité dans le profond de vos cœurs. Le
Christ vous aide, vous surveille et vous aime chacun personnellement. Que cette certitude vous redonne à chaque aurore
un courage nouveau, à chaque crépuscule une sérénité gran-
dissante. Laissez les théories et les discussions ; faites des
œuvres. Allez chaque jour jusqu'à la limite de vos forces : il
faut une telle énergie. Car si beaucoup de soldats ont souffert
et sont morts pour la France, combien de civils trouverait-on
de qui le cœur ait éclaté de douleur, d'amour et de prière ?

Quand nous étions dans le calme, je vous disais les efforts
surhumains que demande la conquête de Dieu. Quels efforts
ne devrait-on pas maintenant accomplir ?

Travaillons donc, mes amis, à cœur perdu. Vous savez
que je serai toujours là pour vous indiquer la direction,

puisque j'ai reçu l'honneur lourd et immérité de la connaître avec certitude. Considérez-moi, non pas comme votre guide : il n'y a qu'un Guide,—mais comme votre compagnon de route. Un compagnon fidèle et qui restera à vos côtés, jusqu'au jour de béatitude où nous pourrons nous présenter tous ensemble, sans un seul retardataire, devant le Très-Bon, devant le Bien-Aimé de Dieu, devant notre Ami.

Quelques Ouvrages du même Auteur

LE CANTIQUE DES CANTIQUES, *commentaire sur son 6e sens*; br. in-8°, 300 ex., signés. (Il existe une traduction tchèque; chez A. May, Prague (Bohême), 1951-II).   (Épuisé.)

LES TEMPÉRAMENTS ET LA CULTURE PSYCHIQUE ; *données de mysticisme pratique*, 2e éd. Complètement refondue, brochure in-8°.   1 fr. 50

INITIATIONS; *Trois Contes pour les Petits-Enfants*, vol. in-12.   (Épuisé.)

CONFÉRENCES SUR L'ÉVANGILE. Tome I. *De la Naissance à la Vie publique de N.-S.-J.-C.*, vol. in-8° de luxe.   (Épuisé.)

— Tome II. *La Vie publique de N.-S.-J.-C.*, vol. in 8° de luxe. 4 fr. »

— Tome III. *La Vie publique de N.-S.-J.-C.* (suite), fort vol. in-8° de luxe, avec tables générales.   5 fr. »

LES RÊVES: *Théories, Méthodes, Entraînements, Interprétations*, br. in-18,
                                                             (Épuisé.)

LE FAKIRISME : *Définition, Théories, Entraînements, Résultats, Dangers*, br. in-8°, 2e éd. revue et augmentée.   2 fr. 50

De Signatura Rerum, traduit de JACOB BŒHME; avec notes, tables, suppléments et glossaire, vol. in-8°.   7 fr. 50

LE DEVOIR SPIRITUALISTE : *l'Idéal, sa Conception, sa Réalisation*, vol. in-12° 4e mille (Il existe une traduction polonaise par Josef Yankowski, chez Sadowski, à Varsovie, 1, rue Zlota).   2 fr. »

HISTOIRE DES ROSE-CROIX : *leurs légendes, leurs adversaires, leurs plagiaires, leurs statuts*, vol. in-16.   (Épuisé.)

BRÉVIAIRE MYSTIQUE : *Règles de conduite, formules d'oraison, thèmes de méditation*, volume in-8°, papier vergé, lettres ornées, reliure luxe.   10 fr. »

LES FORCES MYSTIQUES ET LA CONDUITE DE LA VIE, gr. in-8°.   4 fr. »

L'ENFANCE DU CHRIST, gr. in-8° de luxe.   5 fr. »

Imp. polyglotte Hugonis, 6, rue Martel, Paris.

www.ingramcontent.com/pod-product-compliance
Lightning Source LLC
Chambersburg PA
CBHW051126050726
47594CB00003B/969